U0826974

『行业+领先企业』产教融合新形态系列教材

跨境电子商务数据化运营

全国跨境电子商务综合试验区职业教育集团
北京博导前程信息技术股份有限公司 组织编写

孔繁正 主编

宋晖 冯静 何嘉扬 副主编

電子工業出版社
Publishing House of Electronics Industry
北京·BEIJING

内容简介

《跨境电子商务数据化运营》以数据化运营为指导，以阿里巴巴国际站为依托，以项目为驱动，系统地讲解了跨境电子商务 B2B 平台阿里巴巴国际站运营的各个环节。本书分为七个项目，主要内容包括：项目一，数据分析；项目二，产品数据分析；项目三，客户与行业数据分析；项目四，数据优化与提高点击率、转化率；项目五，店铺数据分析；项目六，PC 端数据分析；项目七，无线端数据分析。每个项目都明确了学习目标及工作任务，在工作任务的引领下系统地展开知识及技能的学习。

本书可作为高等职业院校国际经济与贸易、电子商务、商务英语、国际商务、市场营销等相关专业的教材，也可作为电子商务相关从业人员的参考用书。

未经许可，不得以任何方式复制或抄袭本书之部分或全部内容。
版权所有，侵权必究。

图书在版编目（CIP）数据

跨境电子商务数据化运营 / 孔繁正主编. —北京：电子工业出版社，2021.8

ISBN 978-7-121-38000-6

Ⅰ.①跨… Ⅱ.①孔… Ⅲ.①电子商务－运营管理－高等学校－教材 Ⅳ.① F713.365.1

中国版本图书馆 CIP 数据核字（2019）第 263840 号

责任编辑：张云怡　　特约编辑：田学清
印　　刷：保定市中画美凯印刷有限公司
装　　订：保定市中画美凯印刷有限公司
出版发行：电子工业出版社
　　　　　北京市海淀区万寿路 173 信箱　　邮编：100036
开　　本：787×1092　1/16　印张：12　字数：228 千字
版　　次：2021 年 8 月第 1 版
印　　次：2021 年 8 月第 1 次印刷
定　　价：49.80 元

凡所购买电子工业出版社图书有缺损问题，请向购买书店调换。若书店售缺，请与本社发行部联系，联系及邮购电话：（010）88254888，88258888。

质量投诉请发邮件至 zlts@phei.com.cn，盗版侵权举报请发邮件至 dbqq@phei.com.cn。

本书咨询联系方式：（010）88254573，zyy@phei.com.cn。

编写委员会

（按姓氏拼音排序）

主　任：

贾文胜　全国跨境电子商务综合试验区职业教育集团理事长
　　　　杭州职业技术学院院长

副主任：

白凤川　全国报关职业教育教学指导委员会副主任
段　建　北京博导前程信息技术股份有限公司董事长
郭肇明　全国物流职业教育教学指导委员会秘书长
李　丹　全国供销职业教育教学指导委员会秘书长
徐浩添　阿里巴巴“百城千校”项目负责人
杨　宜　北京财贸职业学院院长
支芬和　全国电子商务职业教育教学指导委员会秘书长

委　员：

白　洁	天津轻工职业技术学院	经济管理学院院长
陈　平	佛山职业技术学院	工商管理学院院长
成荣芬	浙江工贸职业技术学院	经济与贸易学院院长
付　琪	陕西工商职业学院	物流管理学院院长
郭延峰	北京市劲松职业高中	校长
黄国庆	江西现代职业技术学院	院长、党委副书记
黄建飞	福建信息职业技术学院	商贸管理系主任
江学斌	东莞市纺织服装学校	校长
林　海	广东科学技术职业学院	商学院院长
刘宝庆	长春职业技术学院	商贸技术分院院长
马锁生	兰州职业技术学院	经济管理系主任
倪红耀	江苏工程职业技术学院	商学院院长
彭　琳	贵州职业技术学院	商业与贸易学院副院长
商　玮	浙江经贸职业技术学院	信息技术系主任
孙　博	石家庄邮电职业技术学院	邮政通信管理系副主任
谈黎虹	浙江经济职业技术学院	商贸流通学院院长
唐忍雪	西安航空职业技术学院	航空管理工程学院院长
王华新	山东商业职业技术学院	工商管理学院院长
王丽丽	河南经贸职业学院	商务学院院长
王永琦	广西经贸职业技术学院	信息工程系主任

吴会杰　西安职业技术学院　经济管理学院院长
夏名首　安徽商贸职业技术学院　经济贸易系主任
夏　莹　无锡城市职业技术学院　贸易金融学院副院长
薛永三　黑龙江农业经济职业学院　信息工程学院院长
杨宏祥　杨凌职业技术学院　经济与贸易分院副院长
姚宏伟　黎明职业大学　商学院院长
周任慧　兰州石化职业技术学院　国际商务学院院长

专家委员会

（按姓氏拼音排序）

主　任：

肖　锋　阿里巴巴外贸综合服务事业部副总裁

副主任：

刘国峰　阿里巴巴集团淘宝大学培训学院副院长
孙志超　北京众智弘诚教育科技有限公司总经理
王春燕　北京教育科学研究院研究员
肖　亮　浙江工商大学现代商贸研究中心主任
游忠明　网易考拉研究院院长

委　员：

方玲玉　长沙民政职业技术学院　商学院院长
费　凡　大连凡越电子商务有限公司　总经理
冯　军　山西君正商务信息咨询有限公司　总经理
高庆怡　杭州央辰雨禾茶业有限公司　总经理
季小红　杭州德力西集团有限公司　国际贸易部经理
李琳娜　海南职业技术学院　校长助理
马茜茜　广州新思路教育科技有限公司　副总经理
孙一玖　北京网聚美裳电子商务有限公司　总经理
王　磊　安徽轩昂教育科技集团　董事长
王　伟　北京聚力创联电子商务有限公司　总经理
王永宝　温州立本集团国际贸易有限公司　总经理
吴洪贵　江苏经贸职业技术学院　贸易与物流学院院长
席　波　武汉职业技术学院　电子商务研究院院长
徐　青　宜兴慕森智能家居有限公司　CEO
尹志翔　杭州益泰翔贸易有限公司　总经理
张根标　杭州信天游实业有限公司　总经理
钟昌标　云南财经大学　商学院院长

审定委员会

（按姓氏拼音排序）

主　任：

陈　进　教育部普通高等学校电子商务类专业教学指导委员会副主任
对外经济贸易大学现代服务业研究中心主任

副主任：

高新民　中国互联网协会副理事长

侯　光　全国电子商务职业教育教学指导委员会副主任
北京市商业学校校长

陆春阳　全国电子商务职业教育教学指导委员会副主任

徐国庆　华东师范大学职业教育研究所所长

郑亚莉　全国电子商务职业教育教学指导委员会跨境电子商务专业委员会主任
浙江金融职业学院院长

祝　斌　中国国际商会贸易投资促进部

委　员：

姜　旗	兰州现代职业学院	副院长兼财经商贸学院院长
孔繁正	广东农工商职业技术学院	商学院院长
李良树	武汉城市职业学院	财经学院院长
李林海	南宁职业技术学院	商学院院长
李选芒	陕西工业职业技术学院	物流管理学院院长
刘喜敏	吉林交通职业技术学院	管理工程学院院长
莫海燕	广西金融职业技术学院	院长
钱琳伊	无锡商业职业技术学院	商学院副院长
唐克胜	深圳职业技术学院	商务外语学院院长
张宏博	广州番禺职业技术学院	外语外贸学院院长
张明明	哈尔滨职业技术学院	现代服务学院院长
赵军镜	西安欧亚学院	校长助理兼教育创新研究院执行院长
支卫兵	江西工业职业技术学院	副校长
钟　林	成都职业技术学院	工商管理与房地产学院院长

序 言（一）

在经济全球化发展背景下，跨境电子商务正通过理念全球化、技术数字化、主体普惠化、供应链柔性化、品牌全球化等方式对我国贸易进行全面的升级改造。我们高兴地看到，我国对外贸易正从“贸易多元化”向“全球买、全球卖、全球付、全球运”转变；技术手段由部分环节采用信息技术向数字化电子商务平台使用、全链条数字技术使用转变；贸易主体由传统贸易企业向中小企业、个人转变；贸易方式由传统线下贸易向跨境电子商务转变；交易特点从“大进大出、低频次”向“小批量、高频次”转变；贸易供应链由非个性化、大批量向个性化、碎片化，满足消费需求的柔性供应链转变；企业贸易优势由原来的拼价格、拼产品向企业开始注重通过构建自身“品牌力”开展全球零售转变。

跨境电子商务正在形成一条“网上丝绸之路”。近年来，跨境电子商务交易规模保持年均20%以上的高速增长，远超传统贸易规模增速。2018年，通过海关跨境电子商务管理平台零售进出口的商品总额为1347亿元，相较于2017年增长了50%；有进出口实绩的企业由2017年的43.6万家提升到47万家。

同时，我们也应该清醒地看到，跨境电子商务的高速发展也造成了行业人才缺口巨大。据不完全统计，2017年我国跨境电子商务领域的人才缺口约为450万。《中国电子商务人才状况调查报告》中显示，企业在开展跨境电子商务业务过程中遇到的最大问题就是人才方面的问题。目前，跨境电子商务领域新技术、新思维、新商业模式、新职业能力不断产生，跨境电子商务人才属于新兴的复合技术技能型人才，除需要具有网络营销策划与推广、编辑与美工、电商数据分析、客户服务管理、网店（站）运营等传统电商的技术技能外，还要知晓国际贸易流程、国际商务交往规则，而传统的外贸及外语类人才很难匹配跨境电子商务行业发展的需求。

教育领域对跨境电子商务新业态发展需要通过专业设置来加快人才培育。特别是在职业教育中，应该依托电子商务专业大类，新增“跨境电子商务”专业来解决。同时，积极引导院校开展跨境电子商务专业，布局专业人才培养，以解决跨境电子商务人才短缺的问题。

因此，基于电子商务业务形成的能力体系构建方法、经验和渠道，有助于跨境电子商务职业能力体系构建。同样，一些公司和学校在电子商务教学过程中形成的人才培养理念、路径、模式、方法等，也有助于跨境电子商务专业人才培养体系的构建。最大化地共享、利用教学资源与设施，培养跨境电子商务专业教师团队，可以快速提升职业院校跨境电子商务人才供给，是我国贸易全面升级改造，制造业和服务业转型升级、模式改造的重要源泉和捷径。

此套教材构成了跨境电子商务专业核心课程的体系，相信在这样的课程体系下，能帮助更多的院校建设跨境电子商务专业，培养出更多的跨境电子商务专业人才！

序　言（二）

——在第一期全国跨境电子商务专业负责人

培训班开班式上的致辞

现场和网上收看直播的各位老师，大家上午好！

今天我们举办全国跨境电子商务专业负责人培训班，是我们共同学习、贯彻《国家职业教育改革实施方案》，推动跨境电子商务人才培养、产教融合的一项具体举措。专业负责人对专业和产业的认识与把握直接关系到专业未来的发展。这次培训计划名额是80人，但实际来了100多人。还有很多学校希望能来，为了保证培训质量，我们一一沟通安排他们参加第二期培训，希望大家能够理解。借此机会，我想谈三点思考供大家参考。

一、提高对跨境电子商务发展的认识

跨境电子商务不是简单的传统国际贸易互联网化，而是最具新经济特征的跨境贸易新生态。跨境电子商务的全球化、数据化以及多业态融合、多场景覆盖、多流量共享的特征正是新经济形态和新商业生态的显著特征。跨境电子商务的发展，正在深刻地影响着全产业发展模式、全球贸易格局和贸易的全球治理。

从18世纪60年代开始，伴随着国际分工体系的逐步形成，商品交换迅速发展，形成了国际贸易的发展雏形。随着贸易规模的扩大、结构的优化和区域经济一体化的快速发展，国际贸易领域出现了一般贸易、加工贸易、服务贸易和技术贸易等方式。跨境电子商务区别于上述传统国际贸易方式的本质在于消费端导向，也因此在贸易主体、贸易商品、贸易形态、贸易链条、监管原则、交易模式、征信模式、准入模式和风险承担主体上产生了明显的差异，形成了全新的生态。因此，不能把跨境电子商务简单地理解成传统国际贸易的互联网化。

跨境电子商务的产生，替代了一部分一般贸易份额，也在商品品类、贸易主体和贸易渠道上对传统贸易形成了补充。跨境电子商务不但不会对传统国际贸易造成冲击，反而会为一般贸易打开更大的市场，探索更多的机会，培育新兴市场主体。

更为重要的是，由于跨境电子商务的发展，加速了贸易便利化进程，由此产生的红利同样使得一般贸易受益。跨境电子商务还打破了传统国际贸易的单一渠道，逐步将灰色渠道引导到阳光合法的道路上，优化了国际贸易的市场环境。

二、跨境电子商务人才培养的思考

首先要理清产业、学科、专业与政府监管的关系。产业创新形成的知识积累沉淀到学科上，学科的纵向发展与横向融合又催生产业创新。产业的业态形成了岗位群，岗位群的知识和技能需求反映到专业上，专业在学科上的溯源与积累有利于技术技能积累与创新。

跨境电子商务是在全球化贸易背景下，由电子商务应用广度和深度的拓展而来的。因此，电子商务专业以专业方向的方式率先开展了人才培养的探索。随着跨境电子商务的深入发展，还涉及交易、支付、物流、通关、退税、结汇等诸多领域的人才培养创新，人才需求结构也越发明晰。原有由电子商务专业衍生的跨境电子商务专业已不能完全适应跨境电子商务的内涵与发展。

对跨境电商人才的思考，不能只局限在电商平台的交易环节，要从整个跨境贸易的链条来思考跨境电商人才结构。综合分析产业业态、岗位群和典型职业活动，原有电子商务专业的跨境电子商务方向已具备独立设置成跨境电子商务专业的条件和基础。同时，跨境电子商务的发展急需国际贸易类专业新增跨境贸易商务谈判、跨境贸易市场采购等专业或培养方向；急需报关类专业新增跨境贸易关务等专业或培养方向；急需物流类专业新增跨境贸易供应链管理、跨境贸易物流等专业或培养方向。这样才能逐步形成一个较为完善和能支撑产业发展的跨境电商人才培养体系。因此，跨境电商人才培养需要国际贸易、报关、物流、电子商务等专业共同行动。

在跨境电子商务交易中，贸易流程将由平台引导完成，交易贸易规则的变化也会在第一时间由平台予以呈现，降低了国际贸易的门槛。这就使得贸易主体从烦琐的国际贸易流程与规则中解脱出来，这也是跨境电子商务能够培育出众多中小企业国际贸易主体的原因所在。与此同时，随着“两平台六体系”的建设成熟，贸易主体还将从烦琐的关务流程中解脱出来，极大地节约了成本，提高了效率。因此，跨境电子商务从业者和传统国际贸易从业者在知识与技能结构上存在着本质的差别。我们组织编写的《跨境电子商务人才培养指南》中有比较完整的反映。

三、全国电商行指委下一步工作考虑

（一）打造专业、创新和智库三个发展平台

专业发展平台就是全国跨境电子商务综合试验区职业教育集团，重点支撑专业布点、专业建设、师资队伍培养，参与教学资源建设。创新平台是苏州经贸职业技术学院建设的跨境电子商务应用研究与人才培养协同创新中心，这个平台重点支撑产教融合，技术技能积累与创新，科学研究和教学研究，参与教学资源建设。智库平台就是数字经济与跨境电商综试区发展大会，重点支撑政产学研合作、政校合作、校企合作和前面两个平台的成果展示，以此平台带动学校深度参与地方经济发展。

（二）遴选一批全国跨境电子商务教学改革实验校

计划遴选“10+1”所全国跨境电子商务教学改革实验校，这个名称是暂定的，最终叫什么，大家觉得怎么好就怎么来，但是也不能随便叫，要本着朴素有内涵的原则。为什么是“10+1”所，这个“1”就是杭职院，杭职院不用申请，也不占10所的名额。杭职院在职教集团建设中做出了突出贡献。这“10+1”所学校，我们组织力量共同优化人才培养方案，开展联合教研，立项重点教改项目，共建实训基地，集中宣传教学改革成果，并为这些学校的专业负责人和骨干教师搭建各种发展平台，将他们培养成跨境电子商务领域的代表人物。

（三）继续推动共建“行业＋领先企业”产教融合生态

通过“行业＋领先企业”产教融合生态建设，整合领先企业资源，撬动政府资源。我们将重点支持全国跨境电子商务综合试验区职业教育集团成员学校与所在地综合试验区建立深度合作，帮助学校更多地获得当地政府的支持与资源。

各位老师！在推动农村电子商务人才培养过程中，全国电商行指委和供销行指委开展了良好和务实的深度合作。在推动跨境电子商务人才培养的新征程上，我们愿意积极和主动地与国际贸易、报关、物流等领域的行指委开展交流与合作，在教育部统筹下，共同为建立和完善跨境电子商务人才培养体系做出贡献！

谢谢大家！

全国电子商务职业教育教学指导委员会副主任

序 言（三）

记得20世纪90年代初，在深圳安装一部固定电话的官方价格是6 000元人民币，还要排队，黑市价要10 000元人民币！背后的原因是进口的模拟程控交换机价格昂贵，即使售高价也无法满足市场需求。然而，这种状况不久就被改变了，一群完全不懂模拟交换技术的中国年轻人率先利用计算机技术发明了数字程控交换机——HJD04，以“巨大中华”①等为代表的中国通信企业打破了我国局用程控交换机被进口设备垄断的局面，并最终成为全球数字通信市场的主导者。

当一项重大工业革命性技术发明时，嵌入市场需求场景，就可能引起同行业及商业形态发生颠覆式变革。或者说，将是社会及商业创新发展的重要窗口期和机遇。

以上数字通信产品的诞生过程，就是离我们最近的案例之一。

蒸汽机、电力、计算机及互联网被公认为是近代四大重要工业革命性技术发明。我们正处于以互联网、大数据、人工智能为代表的第四代工业革命的窗口期，未来还会有哪些重大商业变革的机遇呢？

今天，互联网/IT技术（含移动网络）在商业服务领域中的应用——电子商务的迅猛发展，已明显改变了传统商业零售业和生活服务业的形态，跨境电商（零售）逐渐成为新热点。

然而，直至今天，互联网在传统国际贸易中的应用（跨境贸易或数字贸易），并未发生重大实质性改变。这已成为全球贸易发展的短板，也是创新变革的机遇！

众所周知，自1978年中国改革开放以来，中国制造业产值已超过美、日、德三国的总和，成为名副其实的“世界工厂”，并且成为全球外贸出口第一，进口第二，同时也是外贸企业特别是中小企业最多的国家，这种独特的外贸市场环境（场景）结合互联网技术的发展，导致我国在近20年中涌现出了大批与传统国际贸易模式截然不同的外贸服务新业态。

跨境电商营销平台（在线交易撮合类）、跨境电商交付平台（外贸综合服务企业②）及基于交易大数据的履约保障体系等数字贸易服务平台正在改变传统国际贸易

---

① “巨大中华”指20世纪90年代中国通信行业的四大代表性企业：巨龙、大唐、中兴、华为。

② “外贸综合服务企业”指以阿里巴巴一达通为代表的，基于互联网的中小企业进出口业务流程外包服务平台。

的交易方式、服务规则、信用体系，同时也推动贸易监管制度的改革，其目标是降低跨境交易门槛，促进中小企业及欠发达地区的发展，改变全球价值链，符合全球普惠贸易发展的大趋势。

“‘行业＋领先企业’产教融合新形态系列教材”正是在这个大背景下推出的，教材系统地总结、整理了国内外知名跨境电子商务平台的运营经验、理论依据、规则标准等内容，适合各类电商专业院校、数字贸易学院作为教学材料。

数字贸易是数字经济时代的重要组成部分，大数据的应用将类比传统经济中的水、电、煤，成为经济发展的基本要素，而培育适应数字经济时代发展的人才，已成为把握未来的关键，相信我国在数字经济时代的教育实践与探索，能够成为全球数字贸易人才培育的标杆。

2019 年 6 月 深圳

前 言

在全球经济一体化的大背景下，随着计算机和互联网技术的进一步成熟，以及我国政府政策红利导向，如外贸和税收的大力支持下，跨境电子商务在我国的发展尤为迅速。跨境电子商务大致经历了以下三个主要阶段：1999—2003年的起步阶段，这个阶段出现了以阿里巴巴为代表的跨境电子商务平台，其主要商业模式以线上信息交换、线下交易为特征；2004—2012年的高速发展阶段，这个阶段逐步实现了交易、支付、物流的电子化，B2B、B2C、C2C的商业模式及信用支付体系不断成熟，这期间出现了兰亭集势、速卖通等大型跨境电子商务平台；2013年至今的整合升级阶段，随着跨境电子商务服务的全面升级，这个阶段的平台模式由C2C、B2C向B2B、M2B、M2C转变，出现了天猫国际、京东全球购、环球易购等大型跨境电子商务平台。

在整合升级阶段，移动用户数量爆发性增长，大型工厂加入前端服务商，中大额订单比例不断提升，生产模式由大生产线向柔性制造转变，这对跨境电子商务平台运营和产业链配套服务提出了更高要求。对跨境电子商务平台运营提出的更高要求主要体现在精细化运营，以及以数据为导向的运营方式上。

数据化运营可以充分掌握、利用有效数据帮助管理者准确定位需求，快速解决问题，提升企业形象。运营者通过数据驱动，能够更有效地判断趋势，从而展开有效行动，及时发现问题，推动解决方案的制定。

Salesforce的创始人兼首席执行官Fred Shilmover在一次采访中说："要么你利用数据，做出更好决策；要么你就忽略这些数据，让别人超过你。"随着跨境电子商务的发展，会有越来越多的人才涌入这个行业，数据化运营将会在不久的将来改变跨境电子商务行业。

本书是面向跨境电子商务方向人才培养并以工作任务为导向的课程教材，由孔繁正担任主编，宋晖、冯静、何嘉扬担任副主编。我们对跨境电子商务领域的教育还在初步积累和研究深化中，本书还有很多需要改进之处，需要不断加以完善和提升，敬请广大读者批评指正。

目 录

项目一

数据分析

阿里巴巴国际站（后称“国际站”）的基础操作会给我们带来一些基础的流量数据，这些基础的流量数据是公司及产品在买家端口得到展示结果的最直观体现，而对这些国际站基础的流量数据的整理与分析不仅可以使我们更好地了解国际站当前的运营情况，还可以为将来国际站的平台运营操作调整方向提供更有价值的信息。

学习目标

知识目标

（1）了解数据分析的定义及重要性；

（2）了解国际站的各项数据指标；

（3）了解国际站平台各项数据之间的关联性及重要性。

能力目标

（1）掌握数据分析的基本步骤；

（2）掌握国际站的各项数据页面；

（3）能够根据数据分析的结果进行优化改进。

项目概述

正式开通国际站之后，一个全新的平台是没有任何数据积累的，随着平台不断地运营操作，收集数据，分析并得出提升方案，加以落地，整个国际站才能逐步进入正轨，甚至成为行业 TOP10。那么，国际站中的各项数据分析页面有哪些？整体的数据分析落地步骤有哪些？如何在数据分析之后进行合理的调整？这些问题都将在本项目得到解答。

项目分解

该项目将对国际站数据分析板块进行全面的了解与学习，包括数据管家中的流量来源分析、产品分析、客户分析、行业分析等，通过对各个板块内容的了解，掌握数据分析的基本步骤，能够独立形成一个平台从基础平台搭建到数据提升完善的思路，实现平台真正效益化的目标。

任务一　数据分析概述

一、数据分析的定义与重要性

国际站平台数据分析是指基于平台提供的以天、周、月为周期的数据呈现，通过数据统计与分析得出不同维度的店铺表现，使平台运营人员能够清晰地了解平台数据的变化、店铺运营的情况，从而及时调整运营战略，以便店铺更好地成单。

国际站平台数据主要来源于国际站买家行为数据，本项目将对产品数据、客户行为数据、店铺数据等多个角度的买家行为数据进行深入的介绍与解读，让大家对平台数据有一个更为全面的了解。

二、三大核心数据指标介绍

（一）数据概览

数据概览中最核心的是经营数据（见图 1–1）。经营数据可以得到整个平台按天、按周、按月的店铺访问人数、店铺访问次数、搜索曝光次数、搜索点击次数、询盘人数、询盘个数、TM 咨询人数，经营数据体现数据是所有来源于产品、旺铺、TM 等各渠道的总和，是对整个平台的综合效果反应最清晰明了的一个板块，该板块数据的上升或者下降可以让我们知道当前平台的整体效果是上升还是下降。

（二）流量分析

流量分析中最重要的板块为流量来源分析，流量来源分析包含搜索、系统推荐、导购会场、频道、互动、自营销、国际站外投、直接访问、店内、站外、其他，并且通过该板块可以了解到对应每一项数据带来的店铺访问人数、询盘人数、店内 TM 咨询人数，以及对应的店铺转化率。如图 1–2 所示，可以看到通过搜索来的流量是占比最大的，而如果想要提升在搜索页面的整体流量来源则需要更关注产品端的数据，搜索页面的流量基本来源于关键词排名靠前的产品，所以想提升搜索流量，进行产品分析、提升自然排名及付费排名至关重要。

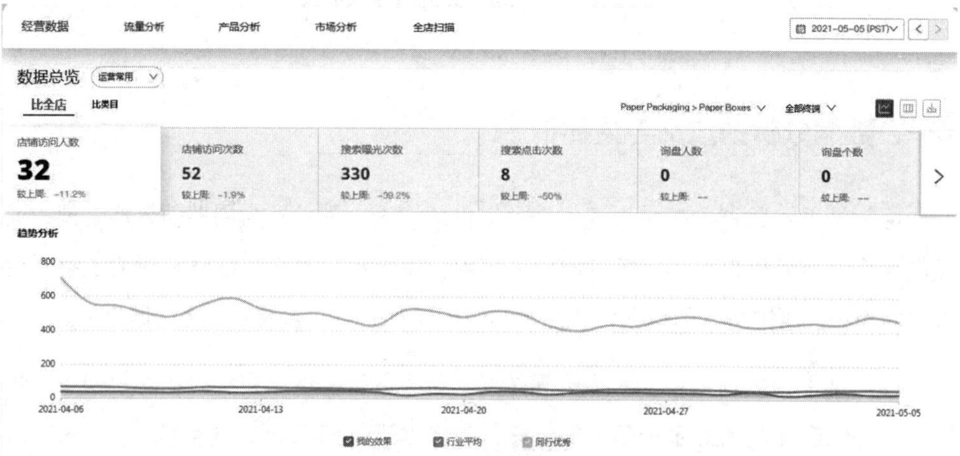

图 1-1 经营数据

图 1-2 流量来源分析

互动									
站内互动	2	↓60%	0	--	0	--	0%	--	趋势
RFQ	0	--	0	--	0	--	0%	--	趋势
信保订单	0	--	0	--	0	--	0%	--	趋势
询盘&TM	3	↓50%	0	--	0	↓100%	0%	↓100%	趋势
自营销									
粉丝通	0	--	0	--	0	--	0%	--	趋势
客户通IM营销	0	--	0	--	0	--	0%	--	趋势
客户通EDM营销	0	--	0	--	0	--	0%	--	趋势
国际站外投	1	--	0	--	0	--	0%	--	趋势
直接访问	7	↑16.6%	0	--	0	--	0%	--	趋势
店内	1	--	0	--	0	--	0%	--	趋势
站外	0	--	0	--	0	--	0%	--	趋势
其他	5	--	0	--	0	--	0%	--	趋势

图 1–2　流量来源分析（续）

（三）产品分析

产品分析（见图 1–3）中，可以看到当前产品总数、有访问产品数、有询盘产品数及有订单产品数，对应呈现的数据相对来讲是更偏向于结果的数据，通过对比产品总数、有访问产品数、有询盘产品数和有订单产品数，可以得出当前平台中的整体有效产品占比是否相对较高，是否还需要继续进行产品发布。当产品总数高，而产品访问次数低时，需要关注店铺的整体引流情况；当产品访问次数高，询盘数、订单数低时，需要关注店铺的整体转化情况。

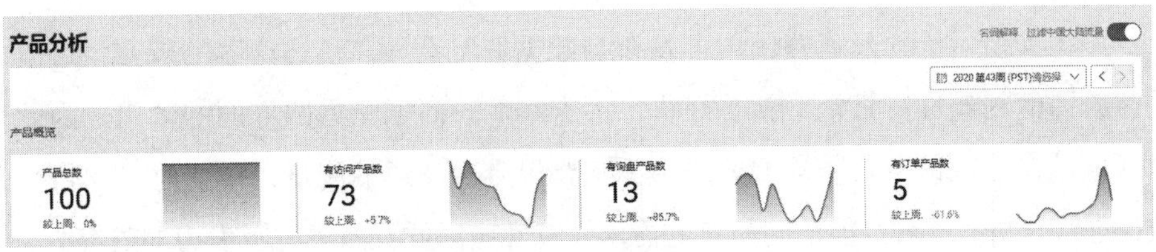

图 1–3　产品分析

任务二 数据分析的基本步骤

进行数据分析最核心的目的是通过提升平台访问量，来提升总体询盘数量及订单数量。围绕该目的，整体的数据分析可以分为识别需求、收集数据、分析数据、得出结论与改进方案四个步骤。该任务需要了解四个步骤的具体方法、注意点及对应的落地方案。

一、识别需求

在进行识别需求阶段，我们需要判断出当前急需解决的平台问题有哪些，需要平台给予我们哪些东西，有以下两条思路。

（一）流量问题

新开的平台或者长期不操作的平台都会存在引流的问题，而流量则是支撑平台正常运转最基础的数据。

通过国际站流量来源分析可以将国际站的所有流量分为三大块流量，分别为自然流量、付费流量、活动流量。

自然流量渠道主要有国际站搜索页面引入流量、平台粉丝通引入流量、直接访问流量等。搜索页面引入流量主要通过以下方法：一是利用数据管家的关键词相关板块，获得常用行业热门搜索词，为标题添加热门词汇，提升产品曝光量；二是提升买家核心搜索词的自然排名，为标题添加转化率更高的词汇可提升产品排名，排名靠前的产品曝光会更好；三是提升直接访问量即站外引流，如独立站、facebook 等社交媒体，通过在相关网站页面添加店铺链接的方式，将店铺和产品更多地展示在买家面前，从而提升直接访问量。

图 1–4 所示为粉丝通营销内容发布与数据概览页面，通过内容的发布，可以向关注店铺的粉丝进行日常上新、好货、买家案例、商家能力四方面的营销，因此粉丝通也是自然流量引入非常重要的一项。要提升粉丝通的流量，需要对粉丝行为的数据进行分析，了解当前访问粉丝的需求及特性，以此发布更有吸引力的内容。

图 1-4　粉丝通营销内容发布与数据概览页面

（二）转化问题

当店铺曝光明显增加，流量也在提升，但店铺产品的询盘量、TM 咨询人数、订单量等却都没有明显的增加时，那么基本可以判断店铺转化出了问题。

国际站的转化主要有产品转化率与店铺转化率两项指标。通过对产品的分析及店铺数据的分析，重点关注当前这两项指标的转化率是否存在问题。影响产品转化率的因素主要包含产品首图、价格、产品详情页、是不是 CGS 会员、是不是信用保障用户等；店铺转化率则受旺铺装修、选品等因素影响。

识别需求可以通过以上两条思路展开，来确定是引流端的问题还是转化端的问题。

二、收集数据

在进行初步的识别需求之后，我们了解到平台在不同的时期会有不同的需求与问题点，需要对平台的基础数据进行合理的整理收集，以便进行数据分析。

图 1-5 所示为店铺经营总数据的跟踪记录表。国际站平台经营数据会在每周二

更新出上一周的数据，经营总数据中需要统计的数据有新发产品数、有效产品数、产品总数、有效产品比、搜索曝光次数、搜索点击次数、询盘人数、询盘个数、TM咨询人数。其中，有效产品数和产品总数在“产品分析”（见图 1–6）中按周按月统计，收集数据时要注意时间与对应数据做好匹配。勾选“有效果产品”后进行有效产品数量的记录，有效产品比 = 有效产品数 / 产品总数。在“数据概览”—“数据看板”（见图 1–7）中可以查看到店铺当日的店铺访问人数、店铺转化率、询盘个数、TM 咨询人数等。可以按时间和类目维度查看搜索曝光次数、搜索点击次数、询盘人数、询盘个数、TM 咨询人数（见图 1–8）。

经营总数据									
时间	新发产品数	有效产品数	产品总数	有效产品比	搜索曝光次数	搜索点击次数	询盘人数	询盘个数	TM咨询人数
12.30—1.05									
1.06—1.12									
1.13—1.19									
1.20—1.26									
1.27—2.02									
1月									
2.03—2.09									
2.10—2.16									
2.17—2.23									
2.24—3.02									
2月									
3.03—3.09									
3.10—3.16									
3.17—3.23									
3.24—3.30									
3月									

图 1–5 经营总数据跟踪记录表

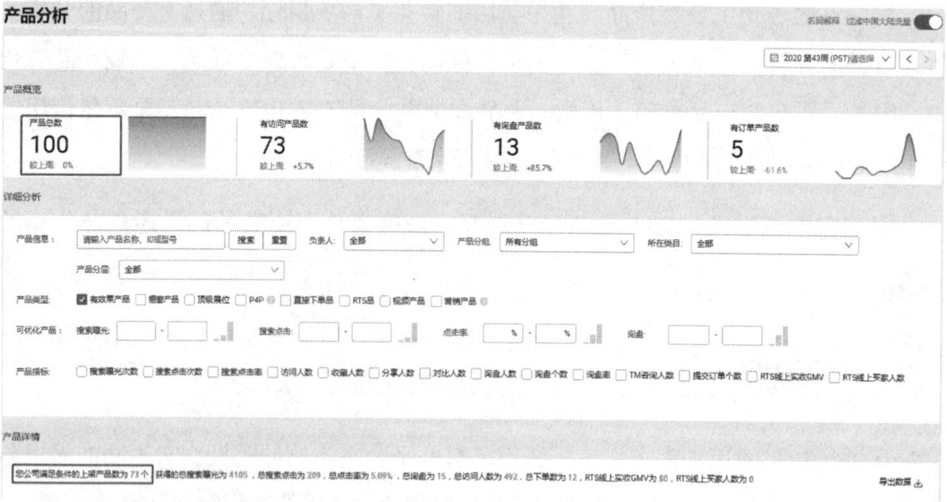

图 1–6 产品分析页面

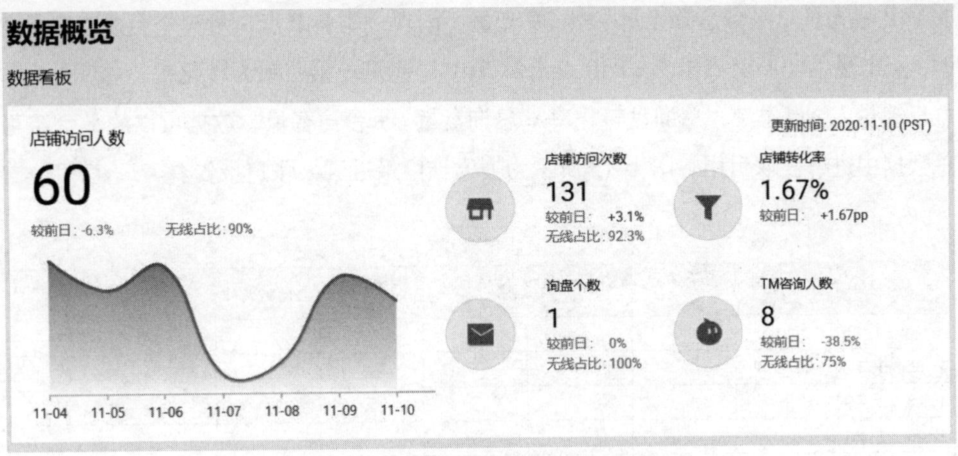

图 1-7 “数据概览”—“数据看板”

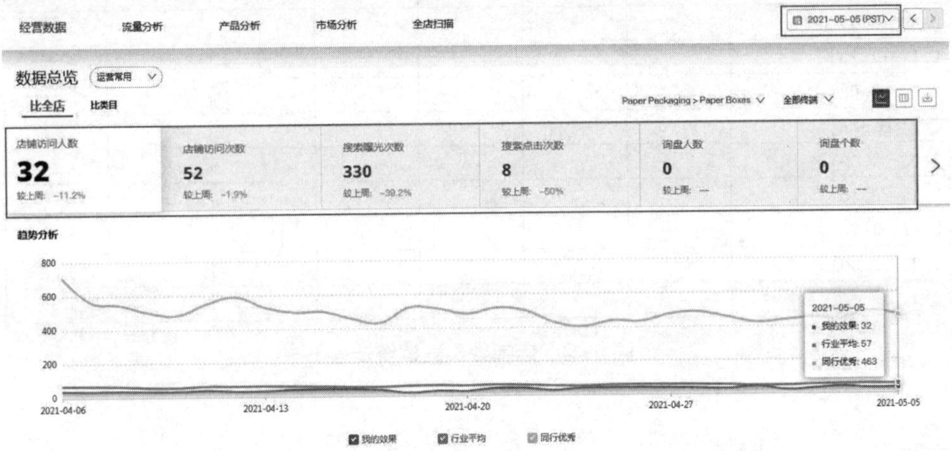

图 1-8 经营数据页面

店铺效果数据统计表（见图 1-9）为平台店铺数据跟踪记录表格。平台店铺效果记录表中需要记录的数据有店铺访问人数、店铺访问次数、店铺询盘人数、店铺询盘个数、店铺 TM 咨询人数、店铺转化率、人均访问时长及人均访问页面数。以上所有数据均按天、按周、按月进行更新，做统计表格时以周为单位进行统计，在“店铺分析”“访问行为”中进行统计查看，如图 1-10、图 1-11 所示。

图 1-12 所示为流量与转化率跟踪表。该表格记录主要分为三项：第一项为直通车付费流量统计，主要包含 P4P 曝光量、P4P 点击量、P4P 点击率、P4P 花费、P4P 平均点击花费等重要数据，直通车数据在“营销中心”—“外贸直通车”—“数据”—“账户报告”中进行查看并统计；第二项为自然流量，平台中无自然流量的数据统计页面，

非 P4P 曝光量 = 平台总曝光量 –P4P 曝光量，同理，非 P4P 点击量 = 平台总点击量 – P4P 点击量，非 P4P 点击率 =P4P 点击量 /P4P 曝光量；第三项为转化率，总反馈率 = 总反馈量 / 总点击量，总询盘转化率 = 总询盘量 / 平台访客量，数据可以从平台经营总数据中进行获取引用。图 1–13 所示为搜索推广最近五天账户报告。

店铺效果								
时间	店铺访问人数	店铺访问次数	店铺询盘人数	店铺询盘个数	店铺TM咨询人数	店铺转化率	人均访问时长	人均访问页面数
12.30—1.05								
1.06—1.12								
1.13—1.19								
1.20—1.26								
1.27—2.02								
1月								
2.03—2.09								
2.10—2.16								
2.17—2.23								
2.24—3.02								
2月								
3.03—3.09								
3.10—3.16								
3.17—3.23								
3.24—3.30								
3月								

图 1–9　店铺效果数据统计表

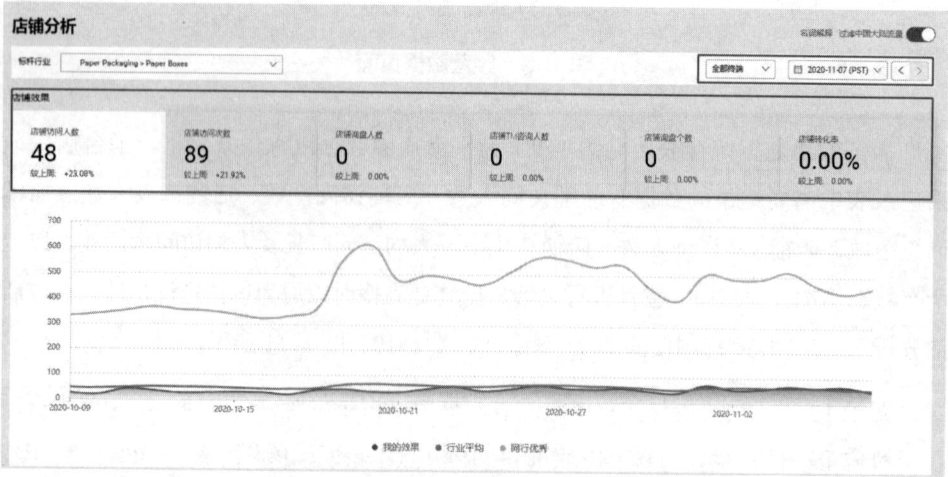

图 1–10　店铺分析页面

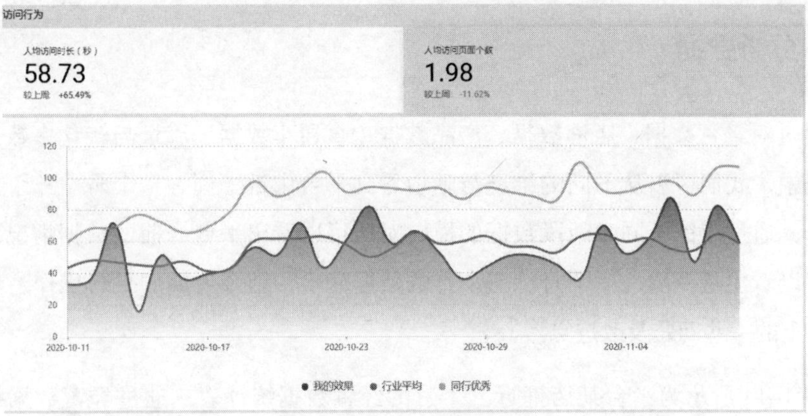

图 1-11　访问行为页面

流量与转化率											
时间	直通车付费流量统计					自然流量			转化率		
	P4P曝光量	P4P点击量	P4P点击率	P4P花费	P4P平均点击花费	非P4P曝光量	非P4P点击量	非P4P点击率	总点击率	总反馈率	总询盘转化率
12.30—1.05											
1.06—1.12											
1.13—1.19											
1.20—1.26											
1.27—2.02											
1月											
2.03—2.09											
2.10—2.16											
2.17—2.23											
2.24—3.02											
2月											
3.03—3.09											
3.10—3.16											
3.17—3.23											
3.24—3.30											
3月											

图 1-12　流量与转化率跟踪表

图 1-13　搜索推广最近五天账户报告

三、分析数据

通过对经营数据、店铺数据、产品数据、直通车数据、流量与转化率数据的统计与记录，我们可以从不同的维度清晰地看到平台中近一周、一个月、三个月的数据报告，通过店铺不同时间段数据的横向对比可以看出平台当前的数据情况，纵向对比可以看出近一周、一个月、三个月的数据变化，结合近期的平台操作，判断平台操作上的一些问题及改进点。

图 1-14 所示为平台某店铺近三个月的经营数据统计表。通过经营数据统计表前四列可以看出，虽然店铺整体产品数量逐渐增加，但是有效产品数并没有明显的提升，有效产品比还出现了下降的情况，说明在这几个月中发布的产品存在一些问题。

经营总数据									
时间	新发产品数	有效产品数	产品总数	有效产品比	搜索曝光次数	搜索点击次数	询盘人数	询盘个数	TM咨询人数
12.30—1.05	7	129	838	15%	2696	120	6	9	1
1.06—1.12	9	175	844	21%	30251	159	9	13	10
1.13—1.19	44	201	887	23%	31007	138	8	10	13
1.20—1.26	38	197	931	21%	31820	154	9	12	15
1.27—2.02	46	160	977	16%	26084	139	8	12	17
1月	141	444	974	46%	128279	639	36	51	58
2.03—2.09	87	156	565	26%	23270	123	0	4	3
2.10—2.16	123	392	715	55%	22940	105	11	14	8
2.17—2.23	80	174	779	22%	26034	139	12	16	6
2.24—3.02	56	188	831	23%	25161	144	11	18	10
2月	346	490	831	59%	103322	540	34	52	15
3.03—3.09	11	164	988	17%	24369	159	11	13	15
3.10—3.16	24	124	1012	12%	23589	181	7	10	28
3.17—3.23	17	202	1029	20%	19730	184	9	14	24
3.24—3.30	25	149	1047	14%	23249	166	6	10	23
3月	80	425	1047	41%	98658	730	35	50	94

图 1-14　某店铺近三个月的经营数据统计表

有效产品是指在某一时间范围内有点击、访客等买家行为数据的产品，若产品在发布之后没有成为有效产品，则需要考虑接下来是否还要继续发布产品，或者发布产品的时候是否需要调整关键词，或者发布的方式是否有问题。同理，发现整体曝光次数没有太明显的变化，在 3 月的时候曝光甚至有一些下降，而点击量则出现了明显的上升，这时候需要分析平台在这段时间里面是否上传了新品、更换了图片或者调整了价格等，若是，可以继续保持这些操作，只有点击量逐步上升，店铺的访问人数、询盘个数、TM 咨询人数才会有明显的上升。通过对询盘人数、询盘个数、TM 咨询人数分析发现，店铺在近三个月的询盘方面没有太多的数据变化，稳定在单月 50 个左右的询盘数量，而 TM 咨询人数有了明显的上升，预计接下来的 4 月还会继续保持，所以在 4 月需要重视 TM 的回复率、在线时长等，抓住这部分客户资源。

图 1–15 所示为店铺效果数据表。店铺效果数据表主要有三类数据维度。第一类是店铺流量，分析店铺的访问人数和访问次数，可以看出店铺整体的流量情况，当这两项数据下降或者偏低时，应首先考虑店铺流量引入，如做营销、直通车、外部引流量等；第二类是店铺询盘人数、店铺询盘个数、店铺 TM 咨询人数及店铺转化率，当询盘或咨询人数偏少时，可能是因为流量偏低或者流量正常但转化率偏低；当转化率偏低时，则需要考虑旺铺展示的内容是否完整、是否吸引买家、是否体现企业优点等；第三类是人均访问时长和人均访问页面数，当人均访问时长偏低时，需要重视首页内容丰富度和页面布局问题，当人均访问页面数偏低时，则需要在首页添加更多爆款、新品及营销活动等。

店铺效果								
时间	店铺访问人数	店铺访问次数	店铺询盘人数	店铺询盘个数	店铺TM咨询人数	店铺转化率	人均访问时长	人均访问页面数
12.30—1.05	165	222	3	6	4	3.60%	17	1.2
1.06—1.12	240	243	4	9	3	3.80%	24	1.4
1.13—1.19	272	236	2	8	2	2.90%	44	1.52
1.20—1.26	260	356	3	9	4	3.50%	56	2.33
1.27—2.02	225	210	4	8	5	3.60%	90	3
1月	1052	1267	15	36	18	3.40%	58	2
2.03—2.09	155	245	4	10	5	6.50%	44	1.42
2.10—2.16	176	258	3	11	6	6.30%	89	1.52
2.17—2.23	207	210	4	12	3	5.80%	116	1.56
2.24—3.02	253	350	7	11	6	4.30%	76	1.69
2月	829	1063	18	44	20	5.30%	82	1.59
3.03—3.09	223	340	2	11	5	4.90%	84	1.56
3.10—3.16	258	356	3	7	5	2.70%	94	1.42
3.17—3.23	256	367	5	9	6	3.50%	70	1.59
3.24—3.30	257	350	4	6	6	2.30%	59	1.56
3月	1057	1413	15	35	22	3.30%	67	1.52

图 1–15　店铺效果数据表

图 1–16 所示为流量与转化率数据表。付费流量主要关注付费流量的点击量、平均点击花费和每日预算，若每日预算相同，平均点击花费越高，能够获得的流量就越少。若提升每日预算，对应的点击量没有提升，那么需要调整平均点击花费。

自然流量主要关注曝光量、点击率、点击量这些数据。与付费流量相比，自然流量的转化率相对较高。当自然曝光不断增加时，点击量没有成比例增加，即点击率降低了，那么需要提升标题关键词的精准度，增加更为准确的长尾词，优化产品首图、价格，完善产品详情页面，优化物流板块及服务板块等。

总点击率、总反馈率和总询盘转化率主要影响因素是产品信息（标题、首图、价格）和产品详情页等，当点击率出现问题时，需要考虑产品首图、标题、价格、MOQ（最小订购量）等产品信息，反馈率及转化率偏低时则需要考虑产品详情页的问题。

流量与转化率											
时间	直通车付费流量统计					自然流量			转化率		
	P4P曝光量	P4P点击量	P4P点击率	P4P花费	P4P平均点击花费	非P4P曝光量	非P4P点击量	非P4P点击率	总点击率	总反馈率	总询盘转化率
12.30—1.05	19279	82	0.43%	2338.5	28.5	3417	38	1.11%	0.53%	7.50%	5.45%
1.06—1.12	23407	98	0.42%	2524.87	25.8	6844	61	0.89%	0.53%	8.18%	5.42%
1.13—1.19	23656	87	0.37%	2466.27	28.3	7351	51	0.69%	0.45%	7.25%	3.68%
1.20—1.26	24434	83	0.34%	2196.49	26.5	7386	71	0.96%	0.48%	7.79%	4.62%
1.27—2.02	20644	80	0.39%	1941.29	24.3	5440	59	1.08%	0.53%	8.63%	5.33%
1月	100394	393	0.39%	10583.09	26.9	27885	246	0.88%	0.50%	7.85%	4.85%
2.03—2.09	20212	55	0.27%	1519.18	27.6	3058	68	2.22%	0.53%	3.25%	2.58%
2.10—2.16	19690	45	0.23%	1229.37	27.3	3250	60	1.85%	0.46%	13.33%	7.95%
2.17—2.23	20308	71	0.35%	1908.29	26.9	5726	68	1.19%	0.53%	11.51%	7.73%
2.24—3.02	20752	82	0.40%	2126.98	25.9	4409	62	1.41%	0.57%	12.50%	7.11%
2月	86223	272	0.32%	7287.17	26.8	17099	268	1.57%	0.52%	10.18%	6.27%
3.03—3.09	18248	92	0.50%	1761.68	19.1	6121	67	1.09%	0.65%	8.18%	5.83%
3.10—3.16	16138	94	0.58%	1670.06	17.8	7451	87	1.17%	0.77%	5.25%	3.88%
3.17—3.23	11576	72	0.62%	1364.41	19	8154	112	1.37%	0.93%	7.61%	5.47%
3.24—3.30	13942	76	0.55%	1377.69	18.1	9307	90	0.97%	0.71%	6.02%	3.89%
3月	66256	353	0.53%	6613.97	18.7	32402	377	1.16%	0.74%	7.16%	4.73%

图 1–16　流量与转化率数据表

四、得出结论与改进方案

（一）得出结论

所有的数据收集与分析都是为店铺优化制订更好的计划和实施方案。通过分析图 1–14、图 1–15、图 1–16 的数据表，我们发现平台近三个月有效产品数量随着产品数量的增加反而出现了下滑，导致曝光量出现下降，而曝光量出现下降的主要原因在付费流量上，所以需要对直通车做一定的调整。

点击量主要增长点在自然流量上，通过分析图 1–15、图 1–16 这些数据，我们发现新发布的产品增加了自然曝光和点击。

通过图 1–15 可以看出，店铺整体的询盘个数没有明显提升，在点击量提升的情况下，询盘数量没有得到明显提升，主要需要考量的维度是新增产品带来的点击没有得到合理的转化，需要对新产品的详情页做一定的调整优化。

通过分析图 1–15、图 1–16 的表格，我们发现整体店铺的流量有了明显的提升，但是店铺转化率和人均访问页面数等出现了下降，需要在店铺首页更新和添加产品、超链接等。

（二）改进方案

（1）将新发布的产品加入直通车中进行推广，新产品的长尾词加入直通车中，提升付费点击量与付费的转化率。

（2）在旺铺首页增加、替换关联产品和超链接，可适当增加新品的数量，添加更受欢迎的产品，增加更新旺铺首页的内容以提升人均访问页面。

（3）新发布的产品转化率偏低，需要调整价格，调研行业其他商家 MOQ 的数量，调整新品 MOQ 的数量，并且参考同行优质的详情页调整和优化新品详情页面，同时进行产品信息的优化与调整，突出产品卖点，让产品更具吸引力。对新发布且是零效果的产品进行优化工作，提升有效产品数量占比。

（4）针对总点击率偏低的问题，需要参考同行制定有竞争力的价格，调整和优化标题关键词，增加更为精准的长尾词。

以上为案例数据得出的结论与改进方案，需要根据产品数据、店铺数据、买家行为数据、转化率数据等进行多维度的分析，同时结合平台操作对数据的影响，参考竞争对手、同行的产品等制订落地计划，从而更有针对性地进行调整和优化。

项目小结

本项目首先阐明了数据分析的定义和重要性，介绍了反映数据指标的几个店铺板块。其次讲述了数据分析的四个步骤：识别需求，从引流和转化两个方面进行了分析；收集数据，主要讲述了数据收集的来源，无直接来源的数据如何计算得出，以及数据收集的表格样例；分析数据，主要讲述了数据分析的主要维度，不同维度的数据升降变化主要受哪些因素的影响；得出结论与改进方案，主要讲述了通过具体的案例分析找出影响数据变化的因素，制订改进计划。

结合本项目数据分析相关内容的详细解读，了解并掌握国际站数据分析的核心内容与知识点，并能够将这些知识点落地到日常的操作当中，从而打造一个真正优秀的店铺。

项目二

产品数据分析

国际站的付费会员可以发布无数量限制的普通产品，上传的这些普通产品是连接买家与卖家之间最重要的纽带，买家通过产品找到卖家，最后在平台上或者线下进行成交。通过对国际站的产品做定期的数据分析，能为国际站的运营结果起到很大的帮助，所以对平台上不同类型的产品进行数据分析，并通过分析的结果对产品进行合理的优化，是国际站操作中必须掌握的一门技巧。

学习目标

知识目标

（1）了解产品的分类及原则；

（2）了解产品的各项数据及对应指标；

（3）了解产品的排序规则；

（4）了解国际站主要的付费推广渠道；

（5）了解影响自然流量与付费流量转化的核心因素。

能力目标

（1）掌握问题产品产生的原因；

（2）掌握产品自然排名的优化技巧；

（3）掌握产品点击率及转化率的提升技巧；

（4）能够通过直通车产品数据报告进行直通车推广策略调整；

（5）能够通过电商平台与产品数据进行选品及推广。

项目概述

国际站成功开通之后，我们要尽快将自己的产品上传到后台，并且开启产品推广，那么在产品上传之后我们需要通过哪些数据板块对当前发布的产品进行了解与分析？当产品推广时出现问题后，如何快速地找到原因，并且及时调整呢？本项目将进行讲解与分析。

项目分解

该项目将对国际站上的产品进行全面的了解及分析，包含国际站产品搜索诊断首页的了解与学习、产品各项数据的来源及分析、产品自然排名的排序规则、付费流量的推广规则、产品的选品及推广策略等，让同学们通过学习和实训，能够对各项数据页面进行数据分析并找到提升产品数据的方法。

任务一　产品分层及基础数据分析

一、国际站产品分层认知

登录国际站“My Alibaba”—“产品管理”—“搜索诊断首页”，进入“搜索诊断首页”页面，该页面主要包含产品分层、产品分层效果、待优化问题产品、零效果产品、供应商质量分数、信用保障交易量及关键词健康度七大板块，对应的每个板块都会反应某一维度的健康情况。

（一）产品分层及精品优化方法

国际站上的产品分层主要有三大类产品，即精品、普通产品及低质产品。

区别以上三大类产品主要判断因素为产品发布时产品信息质量分是否达标：精品的标准为产品信息质量分≥ 4 分，或者产品信息质量分≥ 3.5 分且最近 90 天非零效果产品，而信息质量分 <2 分，或产品为重复铺货的产品则会被判定为低质产品；其他产品为普通产品。

想要让产品从低质优化至精品，需要考虑到产品的规范性、丰富性及真实性。规范性包含产品信息是否 100% 完整填写；产品图片和产品视频是否符合要求；丰富性包含产品属性是否完整；产品关键词与产品是否相匹配，产品详情内页设置是否与图文表相结合；真实性包含标题与产品图片，以及产品本身是否贴合；交易信息中价格及 MOQ 是否合理；物流信息中供货能力及发货信息是否真实；等等。

精品需重点关注产品信息是否完整，图片是否符合要求，详情页图文表是否相结合。图片主要要求有基础门槛和行业优化图两方面。其中基础门槛包括：图片大小不得超过 5MB，图片像素大于 640px × 640px，近似正方形。行业优化图要求包括：图片数量建议 3 张以上，最好 6 张全部放满，可以展示 SKU，产品正面、背面、侧面、细节、产品标签等多维度图片；图片与产品名称、详情页、产品属性等保持一致；产品图片主题大小适中，产品突出，不宜过大或者过小，背景尽量以白底为主，当产品本身为白色或者透明色时，产品可以用深色背景，不建议用彩色底或者杂乱背景；logo 及标志固定在产品左上角。

图 2–1 所示为“搜索诊断中心”—“产品分层”。

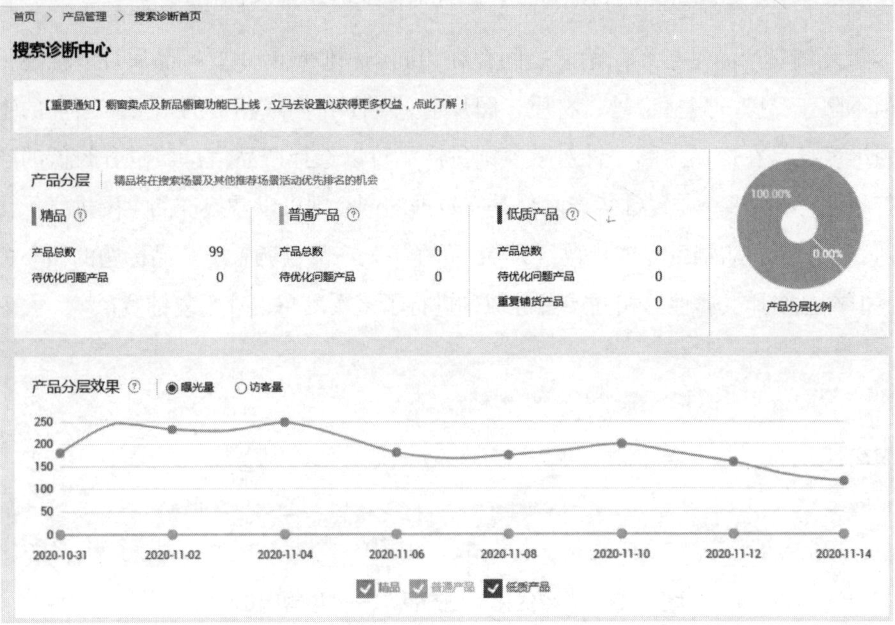

图 2–1 “搜索诊断中心”—“产品分层”

（二）产品分层效果

产品分层效果主要展现精品、普通产品及低质产品的曝光量及访客量的明细及趋势，期限为 15 天。图 2–2 所示为“产品分层效果”，可以看出，几乎所有的曝光量及访客量均来自精品，精品有优先展示的权利，所以学会发布或者优化精品是国际站运营人员需要具备的至关重要的技能。

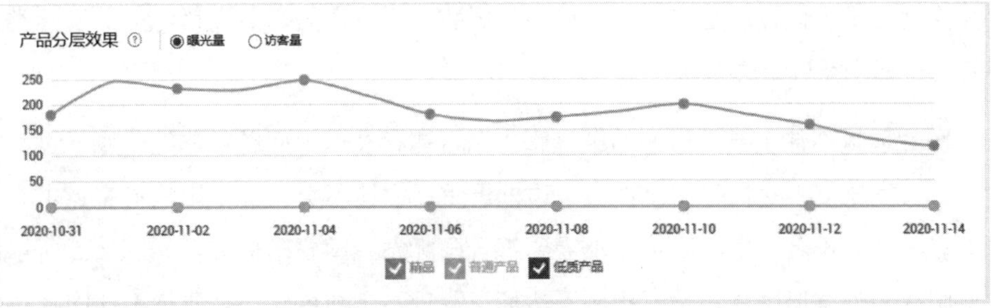

图 2–2 产品分层效果页面

（三）待优化问题产品

待优化问题产品包含重复铺货、类目错放、图片质量不佳、标题描述违规、价格不合理、产品信息冲突、产品信息不完整七大问题点，问题产品会影响到买家的整体搜索体验及产品自身的自然排序，因此需要及时调整及优化。

重复铺货产品是指产品信息之间存在相同、相似或者重要产品属性、描述（包括但不限于品牌、规格型号、材质、图片信息等）相同或相似的情形。当前的主要判断维度还是在产品主图。针对重复铺货产品可以选择产品信息质量分较低的产品进行删除，如果多个重复铺货产品都是有数据的产品则可以替换产品主图进行优化。如图 2–3 所示，店铺重复铺货数量为 0，同样一款产品仅调整了产品标题的核心关键词，但产品图片、属性等相同或者近似，进行了多次发布也算重复铺货。

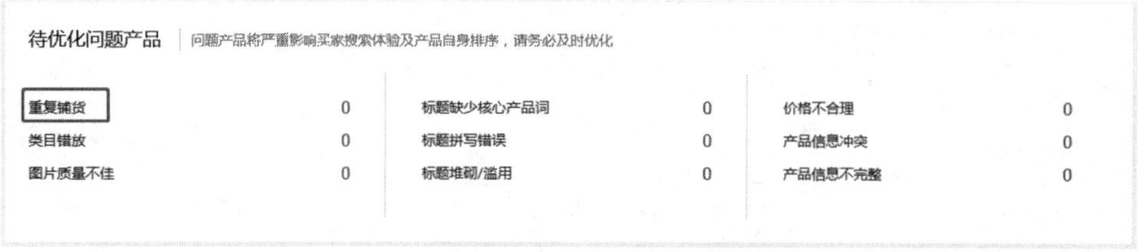

图 2–3 “待优化问题产品”—“重复铺货”

重复铺货行为细则（包含但不仅限于以下情况）：①同个卖家同件产品，图片相同，产品标题、属性及详情描述高度雷同，视为严重重复铺货；②同个卖家同件产品，图片相同，产品标题、属性及详情描述雷同，视为重复铺货；③同个卖家同件产品，图片相似，产品标题、属性及详情描述雷同，视为重复铺货。

类目错放是指卖家发布的产品实际类别与发布所选择类目不匹配，在进行产品发布时需要根据实际产品、产品使用关键词、产品发布时国际站后台系统推荐的类目进行谨慎选择，尽量选择相关性高且最合适的最小类目。例如，如图 2–4 所示，产品为女士手提包，但是选择的类目却是服装，则该产品当前类目与产品实际类目不符合，属于类目错放。

图片质量不佳主要是指产品第一张主图可能存在以下问题：非纯色底、过大或过小、长宽比例不达标、文字过多、边框严重、主体不突出等，影响买家点击率，进而影响产品排名。主图质量要求需要符合国际站主图要求标准。如图 2–5 所示，左侧图片为长方形图片，长宽比例不达标，背景不是纯色底，是质量不佳图片；右侧图片白底，正方形大小，无明显边框，产品突出，是一张规范的产品图。

图 2-4 类目错放的产品案例

标题描述违规是指标题无明确产品名称、标题带有联系方式、标题产品名堆砌 / 滥用、标题描述堆砌（包括不限于产品名、品牌、型号、修饰词堆砌）、标题产品名与产品图片不符、标题描述与详细描述中的买卖意向不符等。如图 2-6 所示，标题中多次出现核心词 dress，超过三次即被判定为产品标题堆砌。

图 2-5 图片质量不佳的产品案例

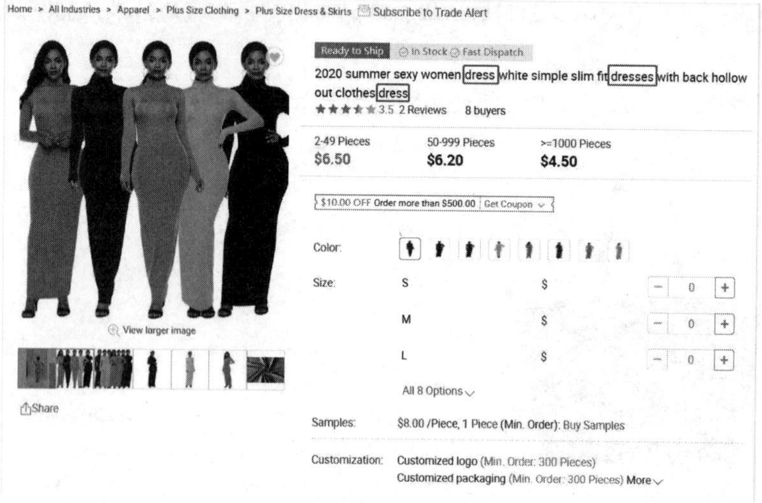

图 2-6　标题堆砌的产品案例

价格不合理是指产品可能存在价格区间过大、价格过低、价格和产品不自洽等问题，影响买家体验，进而影响搜索排名。如图 2-7 所示，该产品为一条生产线，产品价格定价为 1 ～ 3700 美元，价格区间范围过大，最低价格不符合产品实际价格情况，为价格不合理产品。产品信息冲突是指同一产品的标题、图片、类目、属性、详细信息等存在信息互相冲突的问题。产品信息不完整是指产品的基本信息、产品属性、交易信息、物流信息、产品详情、产品分组等之中的一个或多个信息缺失。

图 2-7　价格不合理的产品案例

重复铺货、类目错放、图片质量不佳、标题描述违规、价格不合理、信息冲突、信息不完整的产品都无法参与搜索排序，并且对应的违规行为被平台认定成立后，将给予整个店铺 7 天的搜索排名靠后处理，需要额外的关注。图 2-8 所示为待优化问题产品页面。

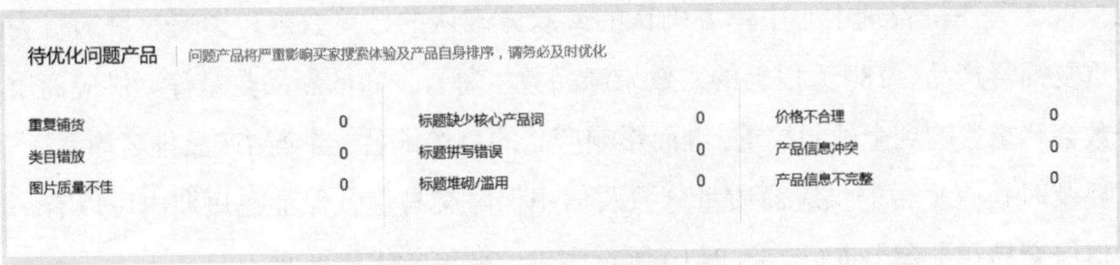

图 2-8 待优化问题产品页面

（四）零效果产品

产品由于连续 365 天无效果且没有操作会被系统进行强制下架。零效果产品是指产品详情页访客数、收藏数、分享数、比价数、询盘数、TradeManager 咨询数、在线批发订单数、信用保障订单数等数据均为 0 的产品数量。可以在后台分别按照 15、30、60、90、180、365 天为维度进行筛选，低于 60 天的零效果产品可以不进行特殊处理，90 天以上的零效果产品可以进行加入直通车推广、标题优化、详情内页优化等操作，提升产品被访问的概率，从而转化为有效果产品。图 2-9 所示为零效果产品页面。

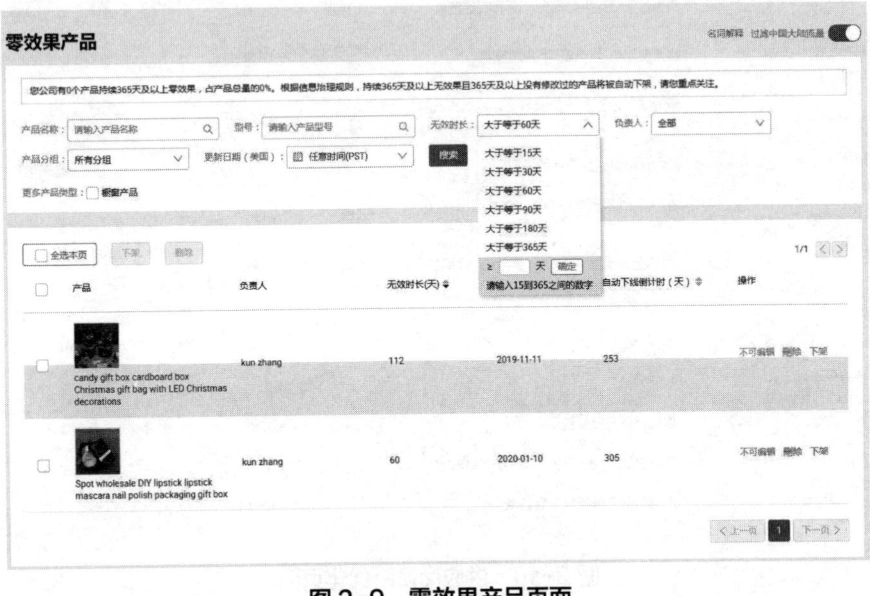

图 2-9 零效果产品页面

（五）供应商质量分数和信用保障交易量

供应商质量分数是根据卖家被鼓励的行为和影响效果的行为情况综合得出的，被鼓励的行为将有利于卖家排名靠前，影响效果的行为将阻碍卖家的排名。被鼓励的行为包含是否加入信用保障服务，近 60 天信保是否有挂账，是否开启贸易数据展示，近 7 天商机管理中心中单方确认的或双方确认的订单数等；影响效果的行为包含重复铺货产品、180 天以上的零效果产品数、每日发布的新品数量等。供应商质量分数会严重影响到全站的权重，继而影响产品的自然排名，当全站产品排名均靠后时，需要及时检查平台的供应商质量分数及信用保障交易量，保证在短期内可以有一定的信保交易在平台上进行。图 2-10 所示为供应商诊断优化页面。

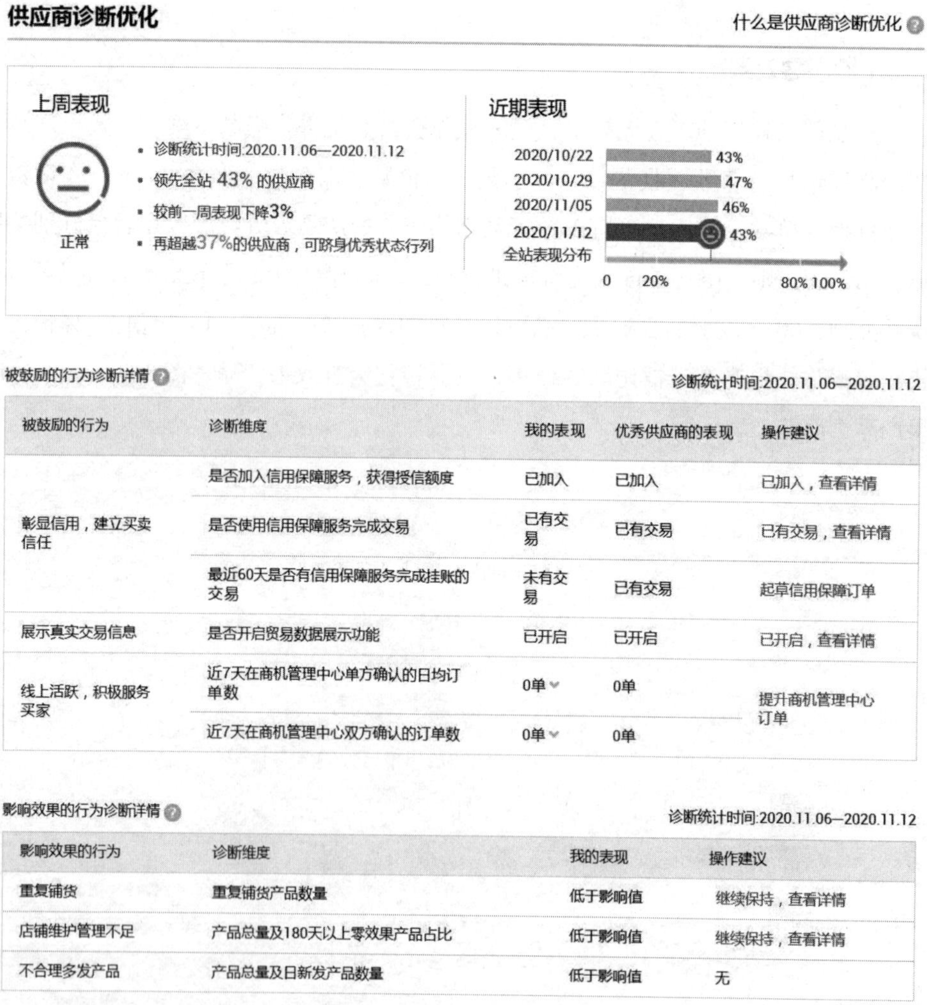

被鼓励的行为	诊断维度	我的表现	优秀供应商的表现	操作建议
彰显信用，建立买卖信任	是否加入信用保障服务，获得授信额度	已加入	已加入	已加入，查看详情
	是否使用信用保障服务完成交易	已有交易	已有交易	已有交易，查看详情
	最近60天是否有信用保障服务完成挂账的交易	未有交易	已有交易	起草信用保障订单
展示真实交易信息	是否开启贸易数据展示功能	已开启	已开启	已开启，查看详情
线上活跃，积极服务买家	近7天在商机管理中心单方确认的日均订单数	0单	0单	提升商机管理中心订单
	近7天在商机管理中心双方确认的订单数	0单	0单	

影响效果的行为	诊断维度	我的表现	操作建议
重复铺货	重复铺货产品数量	低于影响值	继续保持，查看详情
店铺维护管理不足	产品总量及180天以上零效果产品占比	低于影响值	继续保持，查看详情
不合理多发产品	产品总量及日新发产品数量	低于影响值	无

图 2-10 供应商诊断优化页面

（六）关键词健康度

关键词健康度评分主要由四类关键词决定，即高曝光低点击关键词、低曝光高点击关键词、高曝光高点击关键词、低曝光低点击关键词。关键词是买家找到对应产品的最核心渠道，关键词是否有热度、是否与卖家产品相关、是否符合买家喜好度都影响着产品的转化率。四类关键词需要重点关注高曝光低点击关键词，高曝光低点击关键词说明这个关键词在国际站上是有买家搜索的，但是点击率偏低，需要判断对应的关键词与所推广的产品是否匹配，如果相匹配需调研是否符合买家喜好度。例如，women bag 为一个高曝光低点击关键词，需要判断匹配该类关键词的相关产品是不是 women bag，如果不是则需要更新关键词进行推广，如果是则需要判断产品是否受欢迎，如女士背包有皮质的、帆布的，通过“后台”—“数据管家”—“关键词指数”，发现爆款量、点击率较高的词主要是皮质的女士背包，那么就需要更换皮质女士背包来匹配优化关键词。图 2-11 所示为关键词优化建议，可以看到单个关键词近 7 天的曝光、点击、反馈数量及对应的相关产品，系统会给出一定的优化建议，除此之外，仍需要考虑实际的行业情况及买家喜好度进行产品的优化工作。

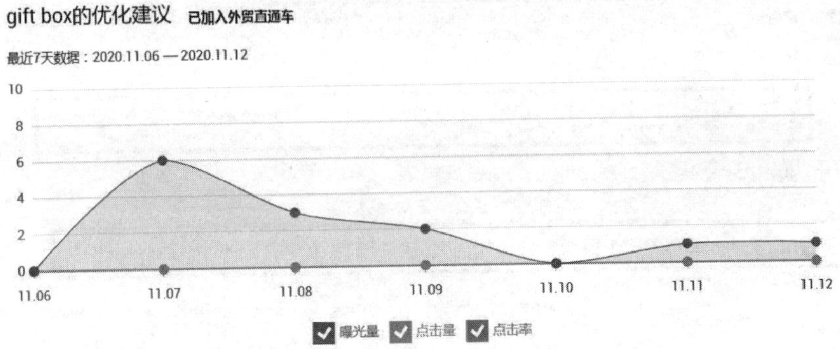

相关产品	排名	曝光量	点击量	点击率	诊断结果
Christmas diy candy creative gift box PET PVC gift folding transparent plastic box 负责人：kun zhang 产品类型： P4P产品，橱窗产品	无排名	0	0		产品买家吸引力待提升 详细优化建议 ⌄
Tiktok surprise explosion box confession balloon box proposal girlfriend gift box 负责人：kun zhang 产品类型： P4P产品	无排名	1	0	0%	产品买家吸引力待提升 详细优化建议 ⌄
Portable Flower gift box paper folding with clapboard pancake box 负责人：kun zhang 产品类型： P4P产品	无排名	1	0	0%	产品买家吸引力待提升 详细优化建议 ⌄

图 2-11 关键词优化建议

二、国际站产品基础数据分析

国际站产品基础数据有很多项，包含曝光次数、点击次数、点击率、访问人数、收藏人数、分享人数、对比人数、询盘个数、询盘率及提交订单个数，其中比较重要的数据有曝光次数、点击次数、点击率、反馈量及提交订单个数。图 2-12 所示为产品分析页面。

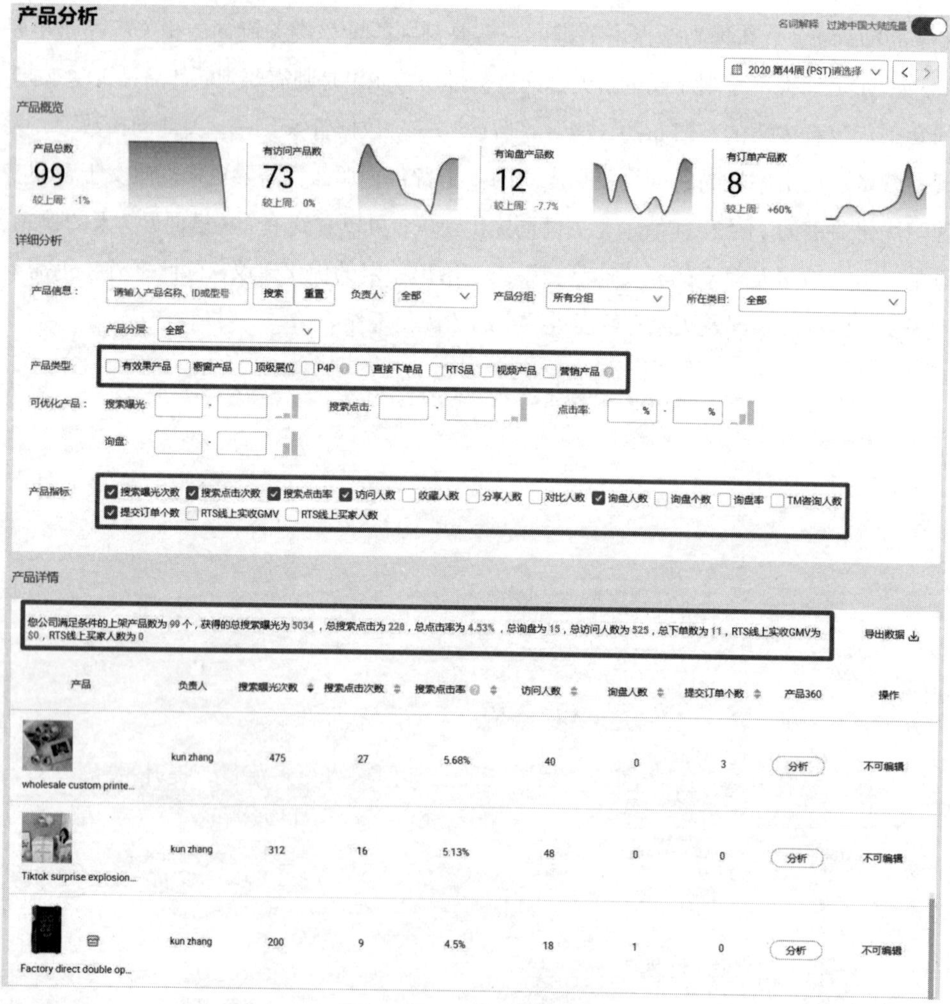

图 2-12 产品分析页面

从产品分析页面可以看到当前平台上所有产品的对应指标，可以选择不同的产品类型及产品指标进行不同产品之间的纵向数据对比，或单个产品不同指标之间的横向对比。对于产品页面的基础数据分析可以分为以下三种方法。

（一）全平台总数据分析

店铺的产品总数为 99 个，店铺的搜索曝光次数为 17142 次，店铺访问人数为 1159 次，总点击率为 6.7%，询盘个数为 36 个，RTS 线上买家人数为 0，如图 2-12 和图 2-13 所示。通过以上数据可得，平台总体产品数是偏少的，因此需要发布更多的产品，并提升有效产品的数量及占比；同时访问人数和同行优秀数据相比有较大差距，需要在产品标题加入更多相匹配的热词，以获得更多的曝光次数，进而获得更多的点击次数。

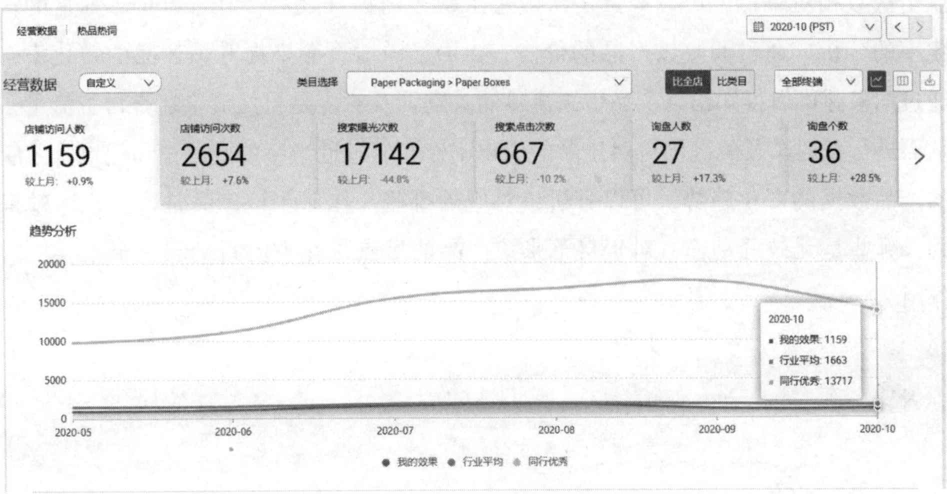

图 2-13 经营数据

当整体数据都偏低很多时，需要关注的是如何引入更多流量，提升平台整体的曝光量、点击量等，可结合顶级展位、橱窗产品、直通车等付费渠道引入更多的流量。再进行转化率分析，假设店铺总点击率为 0.48%，商机转化率为 2%，而行业平均点击率为 1%、转化率为 10%，相比而言还有非常大的提升空间。当店铺转化率指标偏低时，则需要考虑店铺整体的产品图片质量是否偏低，产品定价是否偏高、MOQ 是否偏少，产品详情页中是否将产品的核心竞争力展示了出来，重点推广的产品是否符合当前行业的趋势，与国际站前台首页表现较好的前几名产品进行对比，并进行产品的优化调整。

（二）单个产品横向分析

图 2–12 中，按曝光排序第一名的产品，总曝光次数为 475 次，点击次数为 27 次，点击率为 5.68%，询盘人数为 0，提交订单个数为 3，点击“产品 360”下的“分析”按钮，可以查看该产品某一时间段内是哪些关键词带来的曝光次数，哪些关键词带来的点击次数，曝光次数和点击次数主要来源是搜索还是直通车。如图 2–14 所示，可知该产品近半年的数据变化及近段时间该产品的一些操作记录。通过以上单个产品的数据分析可知，该产品总曝光次数在加入直通车后有了明显的提升，但是商机转化率偏低，需要结合曝光来源词及该产品的匹配度进行关键词或者产品的优化，提升产品与关键词之间的相关度，从而提升对应的点击率，当前的点击次数相对偏低，可以等点击次数有了明显的提升之后，进行点击 – 询盘的转化率的分析，通过调整该产品的价格、MOQ、详情页等来提升该产品的转化率，通过词来源可以得知给该产品带来流量的关键词及对应是自然流量还是付费流量，从而进行直通车及关键词自然排名的优化工作。通过近半年的产品操作记录及对应的产品数据的变化趋势，可以分析出对应的哪些操作对于该产品是产生正向效果的，哪些是无效的动作，对于接下来该产品的重点优化方向将会起一个指导性的作用。

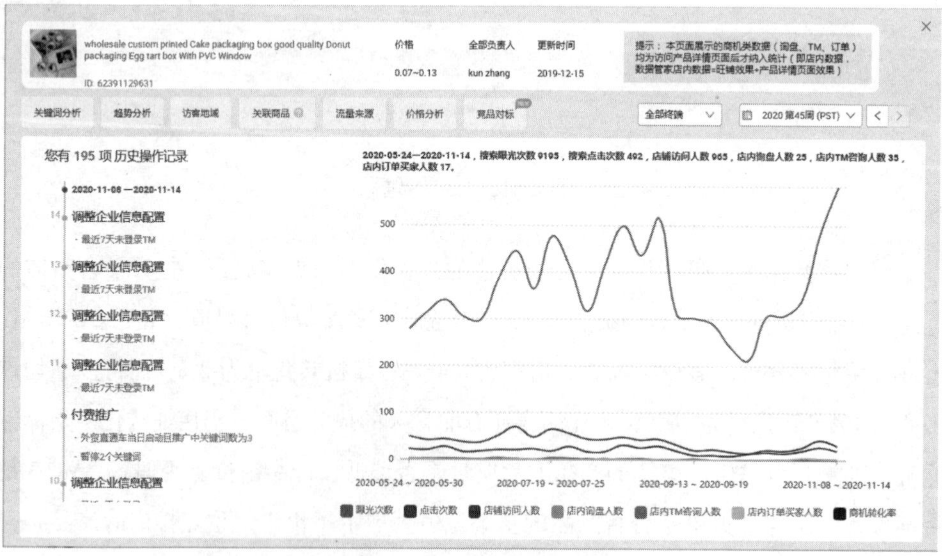

图 2–14　产品效果趋势

（三）多个产品纵向分析

多个产品纵向分析时，需要考虑更多维度，通过曝光降序可以看到当前平台上获得曝光次数最多的产品是哪款产品，是不是行业中转化率较高的款式，是不是公司主打的产品款式，是否能够匹配当前行业中热门的关键词，这些条件满足之后，可以对这些产品的主图、标题、产品信息及产品详情页进行调整优化。

通过点击率降序可以分析出当前店铺比较受买家喜欢的产品是什么，然后加大对这些产品的引流，增加这些产品在直通车中的推广次数，提升推广价格，将这些产品加入橱窗或者在网站首页中进行重点展示。

通过以上的数据分析之后，可以了解店铺整体的数据情况与单个产品数据情况，通过调整付费推广引流渠道、加入橱窗产品及编辑产品信息、价格、详情页等方式进行优化操作。

任务二　自然流量与付费流量的分析和优化

一、产品自然流量排序规则认识

产品自然流量指的是所有通过非付费渠道进来的流量，大部分的流量来源于买家搜索，而产品在搜索结果中排名越高，获得的曝光和点击相应也较多。平台核心词排名查询的页面如图 2–15 所示，通过这个页面，将产品核心词输入搜索框中，点击搜索，可以查看到店铺产品当前的相应排名，当前的付费排名是什么位置，免费排名是什么位置，免费排名的产品是否加入了橱窗产品，并且可以看到该产品的负责人是谁，通过这个页面我们可以清楚知道自己当前产品及对应的关键词是否有一个相对靠前的位置。那么，如何通过国际站自然排名的规则，对产品进行合理的优化，从而提升产品的自然排名，也是一项需要重点掌握的技巧。

影响产品排序的维度有很多，国际站会结合平台上单一产品的质量情况及整体店铺的权重情况针对供应商、产品等进行评分，最终筛选出哪些供应商的哪个产品可以进入国际站搜索页面的前几位，并根据评分进行排序。

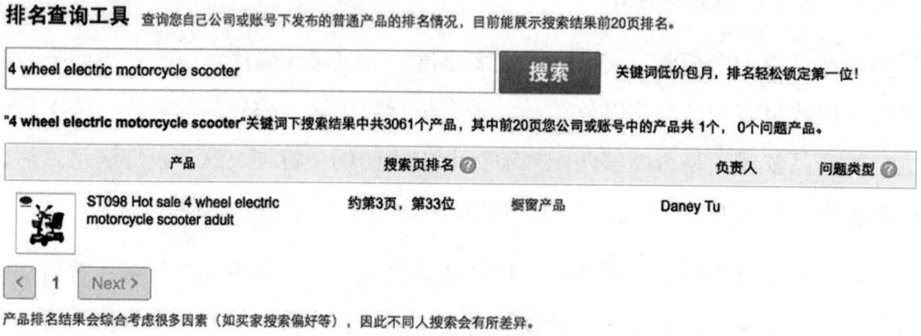

图 2-15 排名查询工具

（一）产品搜索页排序规则的三个环节

原则上，当一个关键词竞争激烈的时候，同一供应商不会在搜索结果首页出现多个产品，在产品搜索页排序规则（见图 2-16）中，需要通过“过滤”—“匹配”—“排序”三个环节。

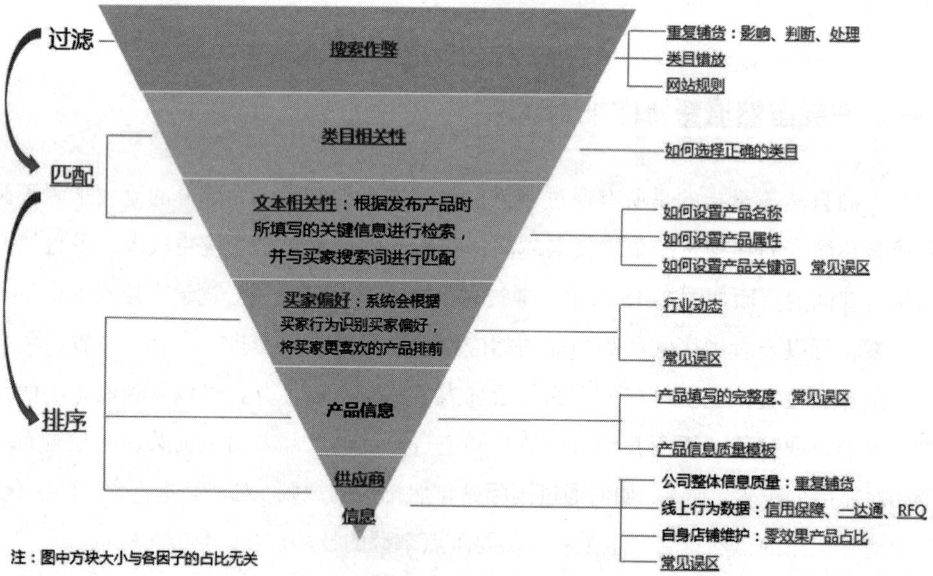

图 2-16 产品搜索页排序规则

首先是过滤，平台上所有问题产品，包含重复铺货、类目错放等情况均会被排序规则过滤掉，无法进入正常的产品排序。

其次是匹配，国际站会抓取买家的搜索词，如买家搜索的一个关键词为 women bag，系统会自动抓取到买家的搜索词，将该词与各个供应商发布产品中所涉及的类目及产品中所涉及的文本信息，主要包含产品标题、关键词、属性三大板块进行匹配，匹配成功后进入产品环节，如果匹配不成功，对应的产品也无法进入排序环节。

最后是排序，该环节涉及的内容有三项：第一项为买家偏好，即买家搜索到产品之后是否有意愿购买产品，这可以通过分析对应产品的点击率和商机转化率来判断；第二项为产品信息，该信息主要影响的维度有产品信息填写是否完整，产品质量分数是否达到精品，产品转化率是否高；第三项为位于金字塔尖的供应商信息分数，该信息主要影响的维度有重复铺货、零效果产品数、零效果产品占比等，还有信用保障数据的积累的情况，如果零效果产品数量占比偏大，会影响到整体店铺的权重，继而影响单个产品的排名，同时需要提升信保订单的完单率，积累线上订单的交易金额都是提升排名的重要因素。

另外，在同等产品信息质量的情况下，橱窗、外贸直通车等付费流量的产品也会一定程度上提升自然排名，合理使用这些付费产品不仅可以有效提升付费流量，还会对自然流量的提升页产生很大影响。

（二）提升产品排名的三大重点

通过了解排序的三大影响因素，提升产品排名时有以下三大重点。

1. 产品信息

产品信息主要是指产品信息的完整度与专业度。完整度，指在发布产品时我们尽量做到详尽、真实、完整地填写产品信息，如发布一个支持 RTS 产品，对产品标题、类目、属性、图片、详情描述、交易条件等板块的填写务必清晰、完整、真实。专业度，则要求供应商在填写各个项目的时候需要按照买家需求和阅读习惯，将买家最关注的特征描写清楚，主要体现在产品标题板块、产品属性板块、产品详情页板块、产品物流和支付板块等，核心是对产品属性、材质、特性、产品核心词、使用场景等重点信息进行展示。

2. 供应商信息

供应商信息主要指标包括供应商信息的完整度、真实度、活跃度、对店铺和产品的管理维护程度，公司产品的整体信息质量较好，产品重复发布现象较少或没有，线上行为数据的积累（如积极主动服务买家、真实交易数据），积极、及时地对自身的店铺进行维护（如合理控制产品总量、突出重点产品、对逾期或者对零效果产品及时进行调整等）。

3. 买家偏好

（1）及时了解所在行业的动态信息和买家需求点，并结合自有产品的优势、特点，在产品标题、关键词、自定义属性、描述中加以体现。过大或者过小的价格、起订量等信息都可能对买家偏好产生影响。

（2）买家偏好更多取决于买家自身的采购意愿，不同的买家搜索不同的关键词，因为买家偏好、意愿不同，买家对产品或供应商的选择也会不同。卖家试图通过虚假的方式获得曝光次数、点击次数、询盘的行为，会欺骗买家，扰乱其他诚信的供应商的正常运营，这是国际站不允许的。

（3）成交额、成交量越大的卖家越容易受到买家的信任，因此线上订单交易额也被加入产品排名的影响因素中，积极积累在线订单的交易金额（GMV），提升信保订单完单率也是提升产品排名的有效方法之一。

二、产品付费流量排序规则认识

国际站主要的付费推广渠道有顶级展位与直通车。

卖家在购买顶级展位关键词之后，当买家搜索对应的词时，搜索结果页面第一个就会展示其店铺的产品，这个位置对产品曝光和点击率都有很大优势。

创建直通车推广计划之后，系统会根据出价、产品与关键词的匹配度进行排序，直通车在 PC 端展示位置：可翻页，页数不限，每页显示 5 个。图 2-17 所示为直通车展示位置，图 2-18 所示为手机端直通车展示位置。

与顶级展位产品相比，直通车可购买的词量较多，灵活性更高，可以进行实时出价，卖家相对可以把控在什么时间，通过什么词，让买家可以搜索到产品，所以直通车也成为店铺付费流量的主要来源，由于直通车属于点击付费的模式，所以在进行直通车数据分析时，需要花更多的精力在直通车产品的曝光量、点击率、点击量、出价和转化率上。

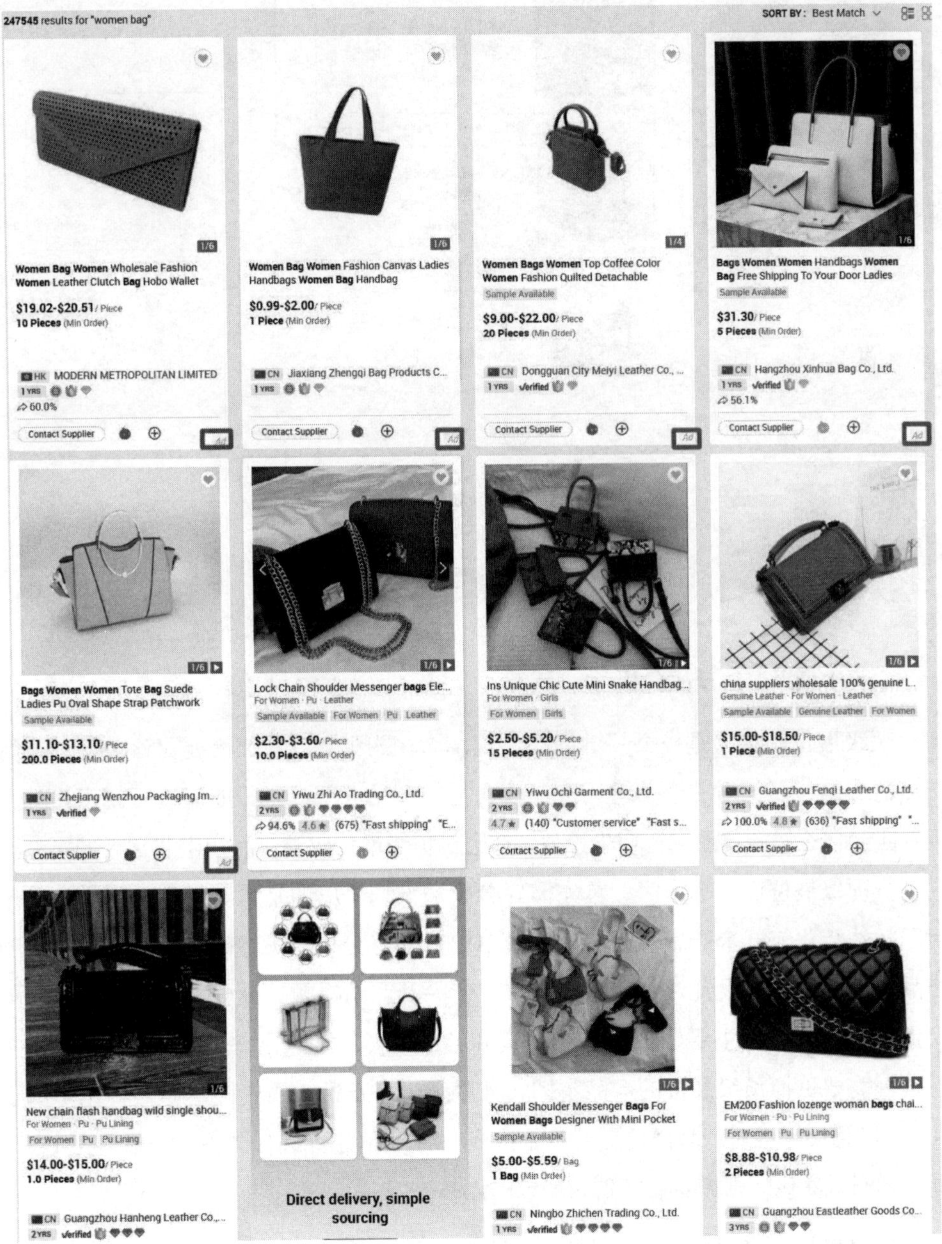

图 2-17　直通车展示位置

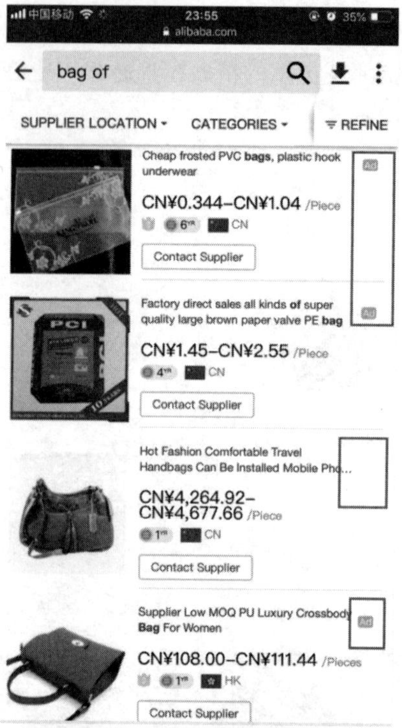

图 2–18　手机端直通车展示位置

（一）顶级展位产品分析

顶级展位购买的是一个关键词的位置，而在购买之后我们需要对该关键词进行产品的绑定，而针对一个关键词选择什么样的产品进行绑定，如何进行创意设计，以及匹配什么样的首图进行广告投放，都会对顶级展位效果产品产生非常大的影响。在进行顶级展位产品绑定时，首先需要分析关键词对应的是哪种类型的产品，通过对国际站转化前五个产品、亚马逊销量 TOP 产品等分析，筛选出对应款式和型号的产品进行绑定，并设置好对应的匹配推广产品及产品视频。投放一个月之后需要再次进行数据分析，主要考虑产品点击率和转化率，如果点击率低于 5%，则需要考虑是否需要更换顶级展位的产品主图；如果点击率正常，而店铺整体的转化率低于 10%，则需要考虑对产品详情页、产品价格、MOQ 信息等进行调整，若调整完 1 ～ 2 周仍无明显变化，则需要更换顶级展位的产品。

顶级展位位于国际站搜索结果页面第一个产品位置，产品前面带有皇冠标志。图 2–19、图 2–20 分别展示了 PC 端和手机端顶级展位的展示样式。

图 2-19 PC 端顶级展位的展示样式

图 2-20 手机端顶级展位的展示样式

(二) 直通车分析与优化

后台“My Alibaba”—“数据管家”—“直通车效果”页面，报表栏目下的“基础报告”和“流量报告”等几个报表以不同的维度（产品、关键词、日期、点击率等）来进行直通车的数据分析。当创建了直通车推广计划之后，客户在国际站搜索产品时，平台会对产品进行免费的曝光，只有客户看到并点击了曝光的产品，平台才进行扣费，在直通车分析与优化中我们需要重点关注的是关键词的点击量和点击率，关键词被点击之后需要关注询盘量和商机转化率，询盘量大或商机转化率高的产品应该投入更多的预算和进行更多的优化。

1. 产品报告

产品报告中的关键词推广数据可以看到对应产品的曝光量、点击量、点击率、花费、平均点击花费，如图 2–21 所示。我们可以按照点击量进行排序，得到最近一周或者一个月对应点击量从高到低的产品有哪些。再结合当前时间段中这些产品是不是我们的核心主打产品，收到询盘的数量，若是则继续推广；若不是则需要将对应的产品进行暂停推广或者降低出价的操作。

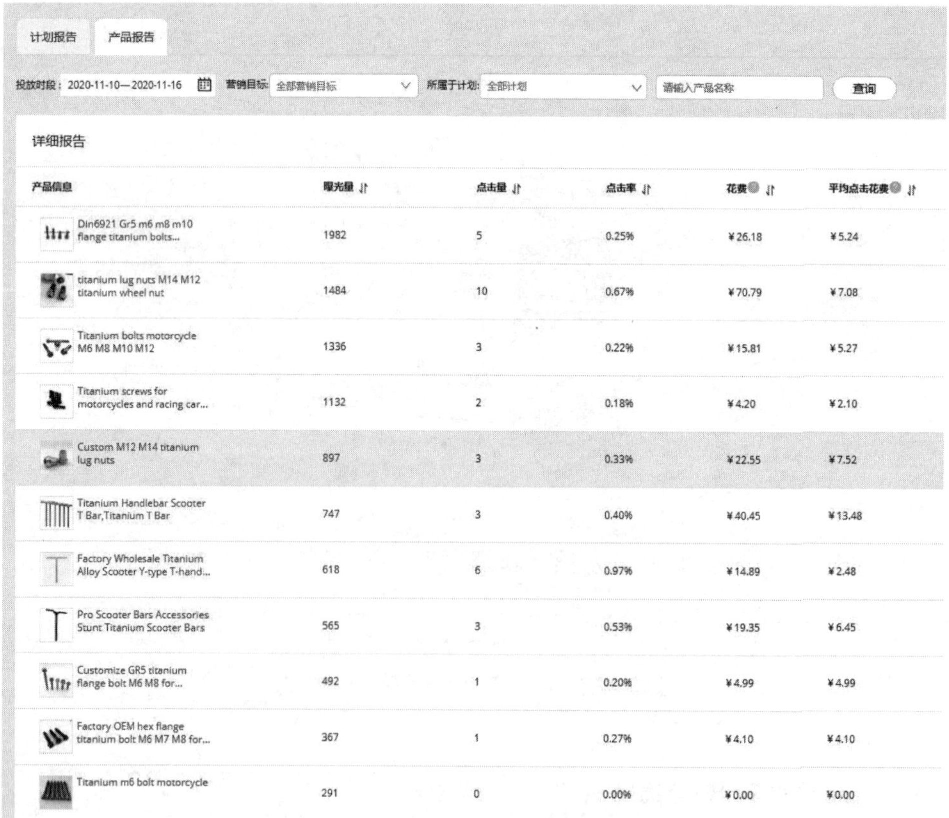

产品信息	曝光量	点击量	点击率	花费	平均点击花费
Din6921 Gr5 m6 m8 m10 flange titanium bolts...	1982	5	0.25%	¥26.18	¥5.24
titanium lug nuts M14 M12 titanium wheel nut	1484	10	0.67%	¥70.79	¥7.08
Titanium bolts motorcycle M6 M8 M10 M12	1336	3	0.22%	¥15.81	¥5.27
Titanium screws for motorcycles and racing car...	1132	2	0.18%	¥4.20	¥2.10
Custom M12 M14 titanium lug nuts	897	3	0.33%	¥22.55	¥7.52
Titanium Handlebar Scooter T Bar,Titanium T Bar	747	3	0.40%	¥40.45	¥13.48
Factory Wholesale Titanium Alloy Scooter Y-type T-hand...	618	6	0.97%	¥14.89	¥2.48
Pro Scooter Bars Accessories Stunt Titanium Scooter Bars	565	3	0.53%	¥19.35	¥6.45
Customize GR5 titanium flange bolt M6 M8 for...	492	1	0.20%	¥4.99	¥4.99
Factory OEM hex flange titanium bolt M6 M7 M8 for...	367	1	0.27%	¥4.10	¥4.10
Titanium m6 bolt motorcycle	291	0	0.00%	¥0.00	¥0.00

图 2–21　产品报告中的关键词推广数据

2. 关键词报告

关键词报告中包含的信息有对应关键词的曝光量、点击量、点击率、花费、平均点击花费，如图 2–22 所示。

您的自选词	曝光量	点击量	点击率	花费	平均点击花费
titanium bolts motorcycle m8	3257	8	0.25%	¥41.99	¥5.25
titanium bike frame	2467	9	0.36%	¥24.76	¥2.75
m14 titanium lug nuts	1630	11	0.67%	¥75.64	¥6.88
m6 titanium screw for sale	1126	2	0.18%	¥4.20	¥2.10
titanium bar scooter	1044	4	0.38%	¥52.80	¥13.20
titanium spokes	723	7	0.97%	¥13.30	¥1.90
titanium bolts for motorcycle m6	489	1	0.20%	¥4.99	¥4.99
scooter bars titanium	459	4	0.87%	¥9.38	¥2.35
disc road bike titanium bike frame	445	10	2.25%	¥38.72	¥3.87
scooter titanium bar	386	1	0.26%	¥3.10	¥3.10
titanium wheel lug nuts	385	0	0.00%	¥0.00	¥0.00
m7 titanium bolt hex	364	1	0.27%	¥4.10	¥4.10
titanium rod	308	1	0.32%	¥8.11	¥8.11
m6 bolt titanium	294	0	0.00%	¥0.00	¥0.00
titanium lug nuts factory	276	1	0.36%	¥8.82	¥8.82
titanium car screw	263	1	0.38%	¥8.12	¥8.12
price for titanium bolts	262	2	0.76%	¥7.50	¥3.75
titanium ingot price	222	2	0.90%	¥11.41	¥5.71
Titanium key ring	187	0	0.00%	¥0.00	¥0.00
titanium	160	1	0.63%	¥3.90	¥3.90

图 2–22 关键词报告中包含的信息

（1）按照点击量进行降序后，可以看到对应时间段中哪些关键词是相对高点击、高花费的，筛选出对应的关键词之后，可以进入“外贸直通车”—“关键词推广”中，筛选出高点击、高花费的关键词，查看对应的匹配产品是哪个，如图 2–23 所示，并添加。如果推广一段时间后发现添加的产品不能带来询盘，则需要选择其他同等星级的产品并进行“设置优先推广”；如果匹配的产品是低星级，则需要对匹配到的低星级产品进行标题、类目等的优化，提升产品的星级，这样做能够提升直通车的转化和产品的优化。

（2）按照平均点击花费进行降序分析，平均点击花费高的关键词如果并不是行业主打的关键词或者不相关的关键词，可以进行降价操作。反之，如果在进行点击量及平均点击花费降序之后发现存在整体流量偏低的情况，导致核心产品无法得到较好的展示，仍然需要到推广管理中添加更多的关键词，添加完关键词后对关键词出价，并将相对热门的关键词尽量都优先匹配至当前平台中点击到询盘转化较好的产品，通过这样的设置，可以提升整体直通车的点击量，也可以为重点推广的产品引流，实现爆款产品的打造。

图 2-23 对应的匹配产品

任务三 平台选品与推广策略

一、平台选品方法

进行直通车和顶级展位的推广，选品是必须经过的步骤，那么选品需要遵循什么原则呢？答案是高曝光产品与高转化产品。高曝光产品：即产品买家端口需求量与搜索量较大，可以作为后续重点推广的一类产品；高转化产品可分为两类：第一类为平台数据高转化，第二类为企业订单高转化。我们可以根据平台中曝光到点击的产品转化情况，点击到反馈的产品转化情况，以及企业实际询盘到订单的产品转化情况做多维度的评判与考量。

（一）根据平台数据选品

选择最近一周、一个月或者三个月曝光点击询盘较多的产品，具体可参考产品分析页面（见图 2-24），选择某一时间段，按询盘数量、点击数量等进行排序，注意尽量选择时间维度较长的时间段中持续有询盘的产品。

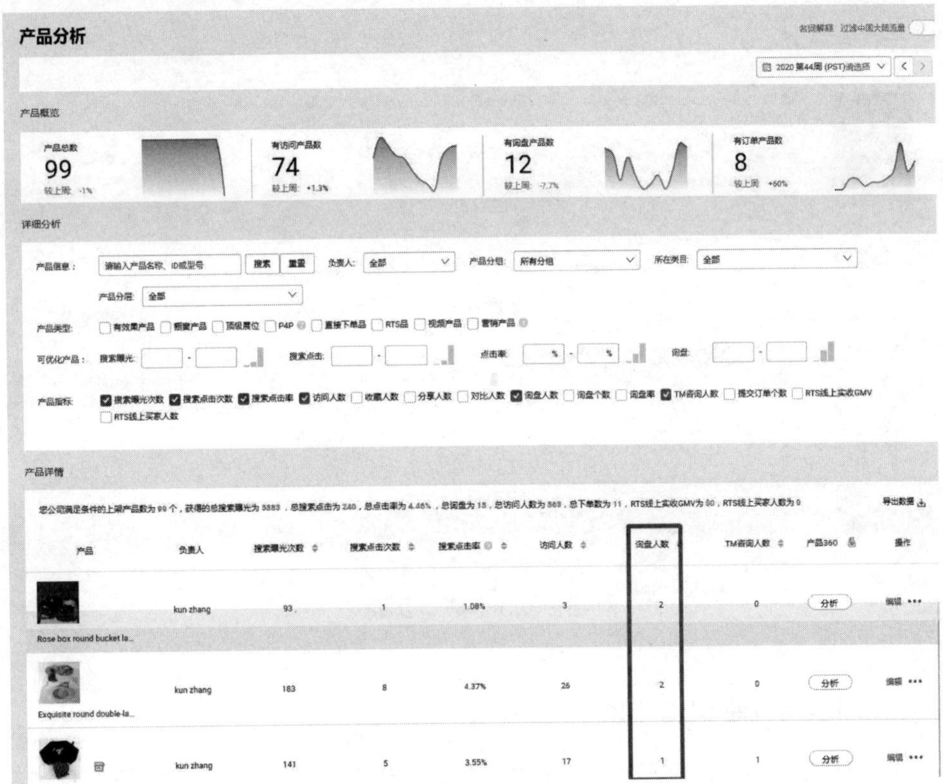

图 2-24　产品分析页面

（二）根据 RFQ 采购需求选品

RFQ 是买家端口主动进行询价、供应商查找市场需求的一个重要渠道，RFQ 商机市场采购需求较大的产品也可作为选品的一个重要参考因素。在阿里巴巴网站中搜索产品核心词，筛选出采购量较大的 RFQ，对 RFQ 中涉及的产品图片、属性、标题等进行分析，然后从自己的店铺中找出与 RFQ 需求量较大产品相似的产品。图 2-25

所示为 RFQ 页面。

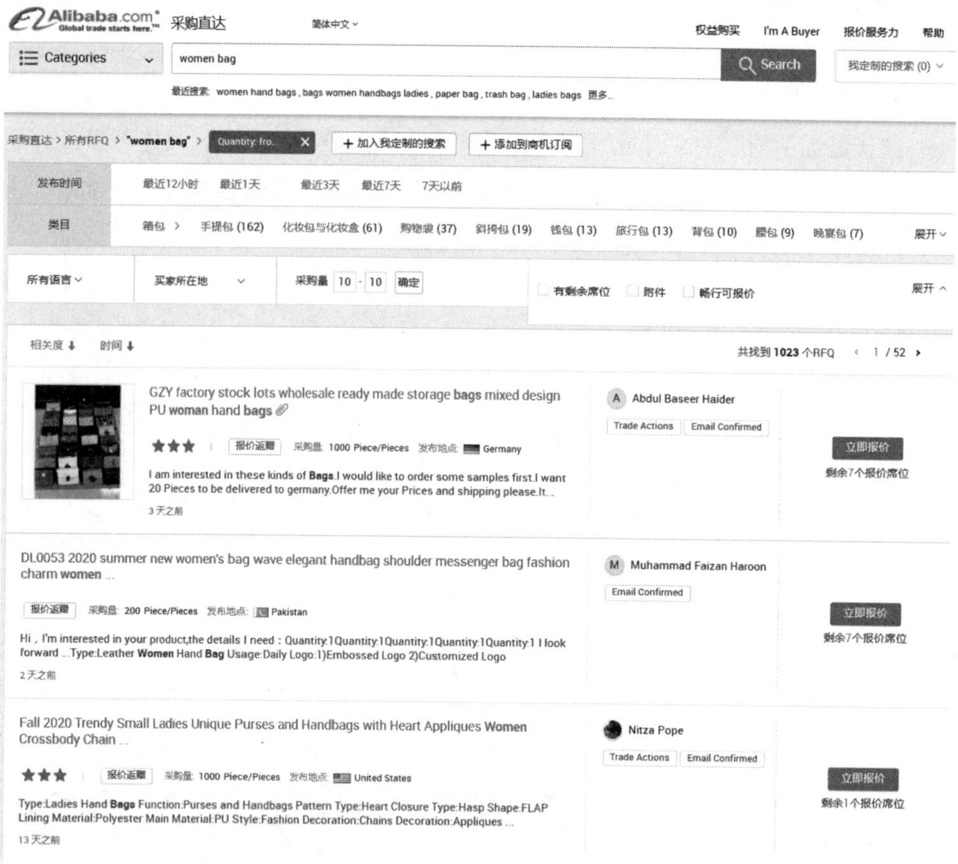

图 2-25　RFQ 页面

（三）参考其他 B2C 端网站

可以通过亚马逊、速卖通、ebay 等平台进行核心词搜索，按照销量进行排序，选择首页占比较多的热门产品类型作为选品参考，图 2-26 所示为速卖通平台中 sofa 的销量排序展示。搜索 sofa 关键词时，按照 orders 降序，不难发现排序在前面的很多都是柔软的单人沙发椅，我们进行选品推广时可以做参考。

选品阶段在进行完各项选品工作之后将所选出的产品进行表格化整理，分别记录好对应的产品款式、产品链接、产品价格、MOQ、选品渠道来源等。图 2-27 所示为 club dress 的选品工具表。

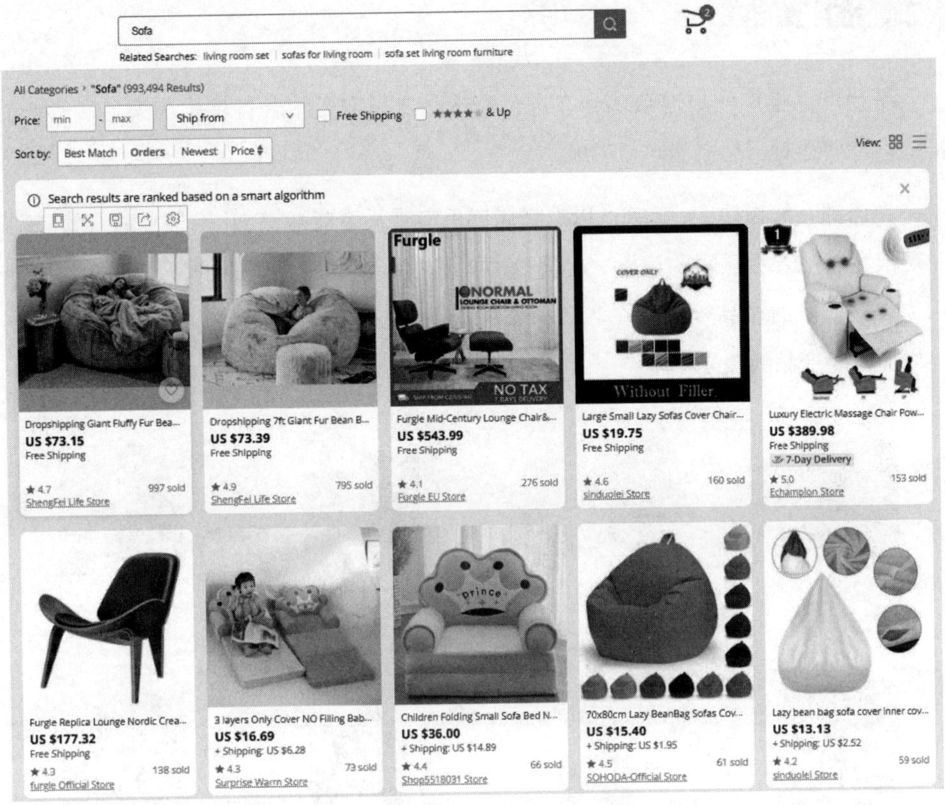

图 2-26　速卖通平台中 sofa 的销量排序展示

爆款选品工具表						
爆品类目	club dress					
		款式	链接	价格	MOQ	
高询盘/高采购需求	产品1		https://www.alibaba.com/product-detail/Top-Quality-Customized-Sexy-Women-Tube_60781546566.html?spm=a271v.8028081.0.0	$3.56	1	1. 最近一周、一个月或者是三个月询盘较多的产品（数据管家—我的产品） 2. RFQ端口采购需求较大的
	产品2		https://www.alibaba.com/product-detail/Club-Ladies-Sexy-Night-Dresses_60770669255.html?spm=a271v.8028081.	$3.38	1	
	产品3		https://www.alibaba.com/product-detail/Factory-Made-Custom-Off-Shoulder-Backless_50039791742.html?spm=a271v.8028081	$6.08	1	
	产品4		https://www.alibaba.com/product-detail/Top-Quality-Customized-sexy-women-tube_60752888424.html?spm=a271v.8028081.0.0.	$3.56	1	
	产品5		https://www.alibaba.com/product-detail/Professional-Manufacture-party-dress-open-	$3.74	1	

图 2-27　club dress 的选品工具表

二、推广策略

平台产品推广的渠道众多，在进行完选品之后需要结合各项推广渠道进行产品推广，合理地对产品引流。

在店铺装修板块中，卖家可以选择店铺里最受买家欢迎、转化率最高的八款产品，并展示在店铺首页显眼的位置，提升这些产品被买家查看并点击的概率。图 2-28 所示为店铺首页的产品板块，在店铺中添加产品板块，给选出的产品添加超链接，可以增加这些产品的曝光概率。

图 2-28 店铺首页的产品板块

产品详情页中新增产品导购板块，店铺大部分流量来源于产品，在每个产品详情页中增加产品导购模块可以将流量进一步引入产品导购板块里的产品中，从而增加 page views 数据，增加产品曝光的概率。如图 2-29 所示，可将选出来的产品做到一张图中，添加到产品详情页的产品导购板块，并添加超链接。

将选中的产品添加到平台橱窗中，橱窗产品的权重与普通产品相比，会高出一些，因此加入橱窗的产品的自然排名也会相对而言高一些，添加到橱窗之后需要对产品的链接、标题、价格等进行调整修改，覆盖更多的长尾关键词，提升橱窗的使用效果。如图 2-30 所示，将产品设置为橱窗产品。

图 2-29　产品详情页的产品导购板块

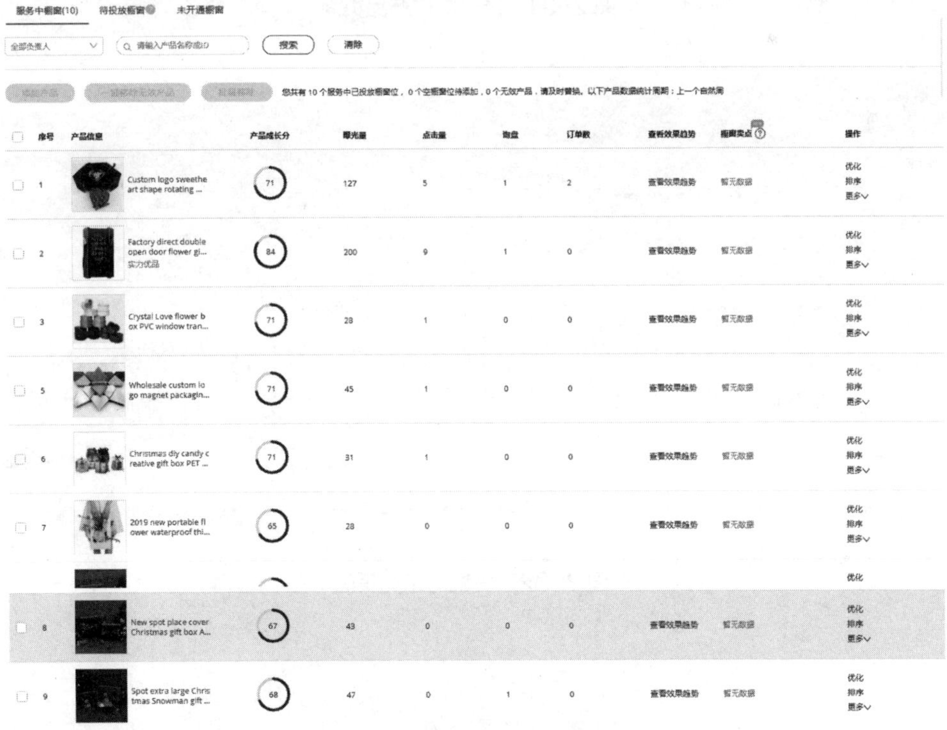

图 2-30　将产品设置为橱窗产品

直通车是付费流量中最重要的一个渠道，首先创建一个直通车推广计划，勾选相应的产品，点击“保存并继续”按钮加入直通车中推广，如图 2–31 所示。其次，挑选出热度高、匹配度高的关键词，设置好出价，并提交，如图 2–32 所示。最后，检查所有的设置：计划每日预算、智能出价区间、添加关键词，如图 2–33 所示，点击“保存并继续”按钮，这样就完成了产品的直通车推广。

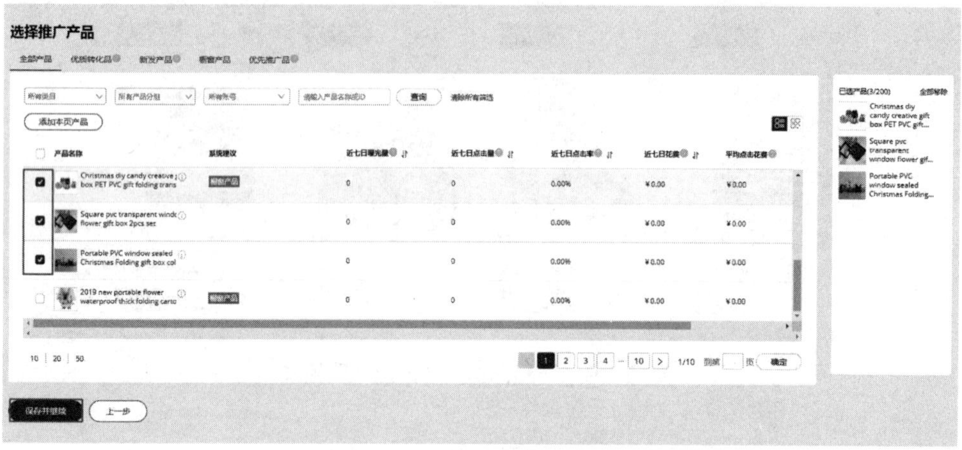

图 2–31　选择推广产品页面

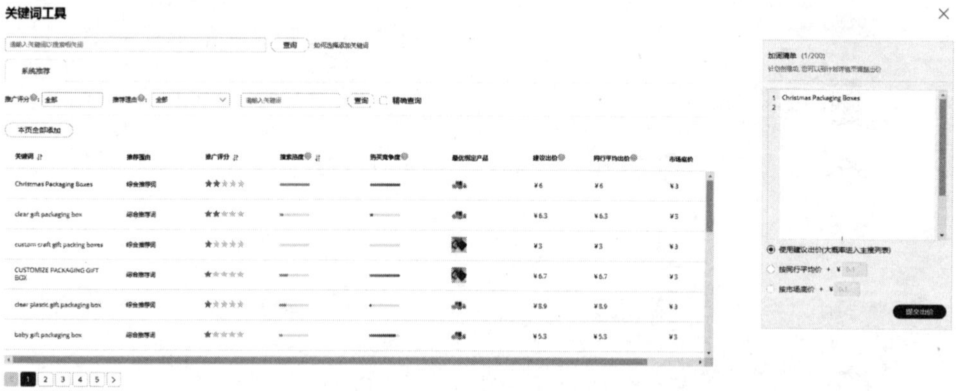

图 2–32　关键词工具页面

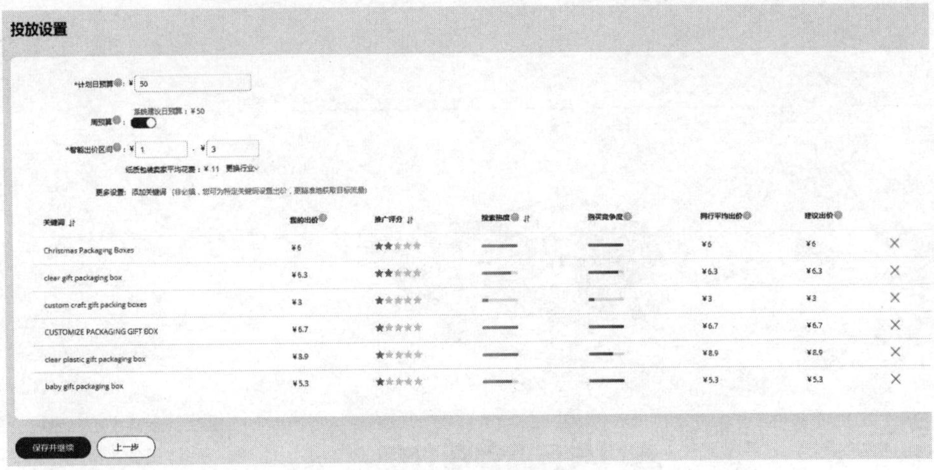

图 2-33 投放设置页面

项目小结

本项目首先讲解了产品分层及基础数据分析的方法；其次围绕自然流量与付费流量的分析和优化展开，介绍了影响产品排名的因素，如何通过数据分析改善产品排名，付费流量的影响因素和如何通过数据分析来优化付费流量；最后深入讲解了要推广产品如何进行选品的几个方法，以及选品之后的推广策略。

通过对店铺和产品的多维度数据进行诊断、分析、优化的逻辑与思路的学习，让学生掌握数据分析的基本方法和优化的方法，使学生在今后能够运用这些知识更好地运营店铺。

项目三

客户与行业数据分析

国际站卖家面对的目标客户群是全球买家，面对的竞争对手是全球同行业同品类卖家。在实际经营过程中，卖家除了要了解店铺自身数据及产品数据，还需要了解目标客户数据及行业数据，从而可以深入了解客户特征、行业情况，有针对性地制定或优化运营策略与决策。本项目我们将站在客户角度和行业角度去了解数据、分析数据，以帮助卖家熟悉各板块的数据内容及数据代表的意义，进而帮助卖家更好地经营店铺。

学习目标

知识目标

（1）认识访客详情板块的数据内容；

（2）认识访客画像板块的数据内容；

（3）认识 RFQ 商机板块的数据内容；

（4）认识市场板块的数据内容。

能力目标

（1）熟练掌握访客详情各个板块数据的应用；

（2）熟练掌握访客画像各个板块数据的应用；

（3）熟练掌握 RFQ 商机各个板块数据的应用；

（4）熟练掌握市场各个板块数据的应用。

项目概述

通过该项目的学习，学生可以知道买家和市场里包含哪些核心板块的数据，这些数据有什么意义，根据这些数据，又可以分析出什么内容。这些学习的内容可以帮助学生提高掌握客户与行业数据分析的能力。

项目分解

该项目将对买家和市场进行全方位的学习，包括访客画像、访客详情、市场、RFQ 商机，通过了解这些板块的数据内容帮助卖家独立查看数据，并根据查看结果得出数据分析结论，指导其网店运营的实施。

任务一 买家数据分析

一、访客详情

登录“My Alibaba”—“数据分析”—“访客详情”，可以看到“访客详情”板块主要包含“我的访客”和“营销管理”两项内容。其中，“我的访客”是用来分析访问店铺的买家最重要的渠道之一，具体到每一个买家的国籍、买家在店铺页面的停留时长、近期常使用的关键词等数据都可以在该页面找到。图 3-1 所示为访客详情页面。

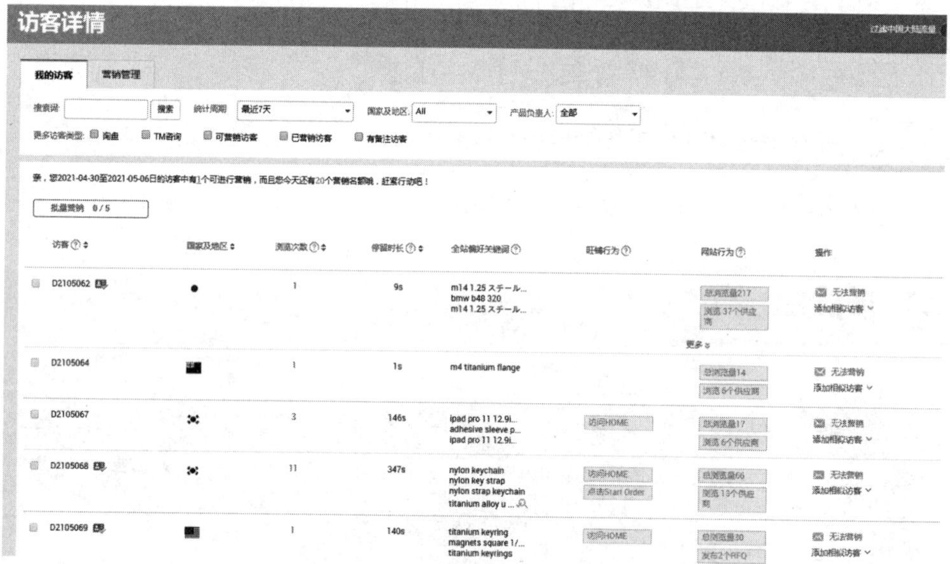

图 3-1 访客详情页面 1

通过筛选需要的信息，可以得到更精确的数据，如图 3-2 所示。可以通过对时间段、地域、买家搜索词、是否发过询盘、是否 TM 咨询过、是否营销过等进行筛选，得到特定条件的买家（每天每个账号可以对 20 个访客申请营销）。

因为涉及访客的隐私，所以访客列不会直接展示访客的联系方式，而是采用虚拟的 ID 进行展示，同一访客虚拟 ID 号保持一致，如图 3-3 所示。访客指的是访问店铺页面及产品页面，给店铺发送过询盘或者通过 TM 咨询的买家；浏览次数指的是访问店铺或者产品页面的次数，每打开一个页面记录一次，同一访客多次打开同一页面，次数累计；全站偏好关键词指的是最近 30 天内，访客在国际站上使用次数最多的前三个关键词，以及在所选时间段内访客搜索到店铺和产品页面时所使用的关键词；旺铺行为指的是所选时间段内针对店铺或产品所产生的关键行为；网站行为指的是所选时间段内访客在国际站产生的关键行为。

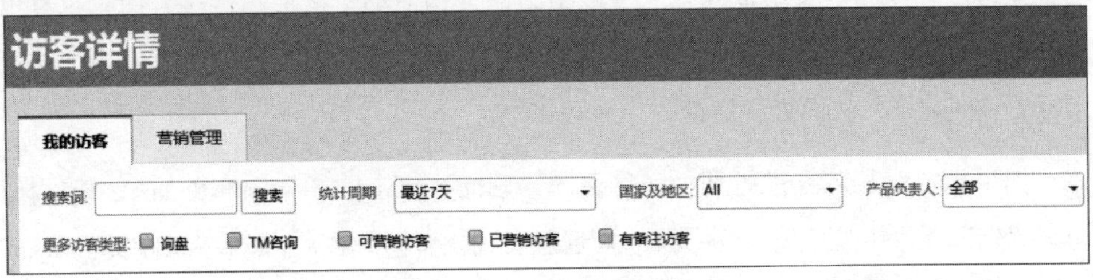

图 3-2　访客详情页面 2

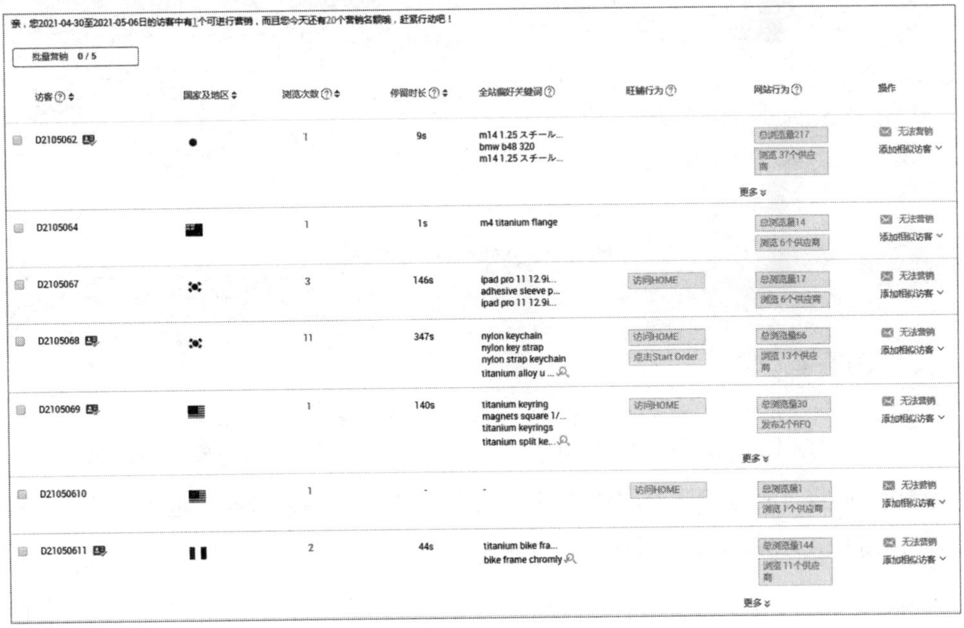

图 3-3　访客详情页面 3

所选时间段为近 7 天，所选访客为蓝标买家，蓝标买家意味着阿里巴巴对买家的商业身份确信度非常高，该买家是一个高质量买家，如图 3-4 所示。从浏览量来看，该买家只对网店做了一次浏览，时长为 9s，搜索使用的关键词为 m14 1.25 スチール ホイール、bmw b48 320、m14 1.25 スチール ホイール ブラック ボルト，对店铺未有任何行为，从对该买家近 7 天的网站行为来分析可以推测出：该买家可能为

金属耗材类的采购商，其目前意向采购产品为スチールホイール、ブラックボルト等，说明该买家意向比较明确，采购意向也较高，因此可以考虑对该买家直接进行营销。此外，通过查看该买家的停留时长和浏览量，可以看出：该买家浏览一个页面后就离开，说明店铺的页面并没有吸引该买家继续深入了解产品。这意味着店铺卖家需要对产品内页做出优化调整，以达到吸引买家购买产品的目的，除了丰富产品内页，卖家还可以在产品内页中适当加入有吸引力的促销活动，增加超链接，使买家有更多相似产品可以选择，这样做既可以增加买家在页面的停留时长，也可以增加买家浏览的页面数量，从而提升店铺的成交转化率。

如果想要对某访客进行相似访客营销，则需要点击图 3–4 中右侧的“添加相似访客”按钮，在弹出的相似访客页面，勾选想要进行营销的客户，然后点击“批量营销”按钮（见图 3–3），在营销页面添加营销内容，完成营销内容添加后，即可点击“确定营销”按钮，将营销内容中设定好的产品推送到目标相似访客的面前。

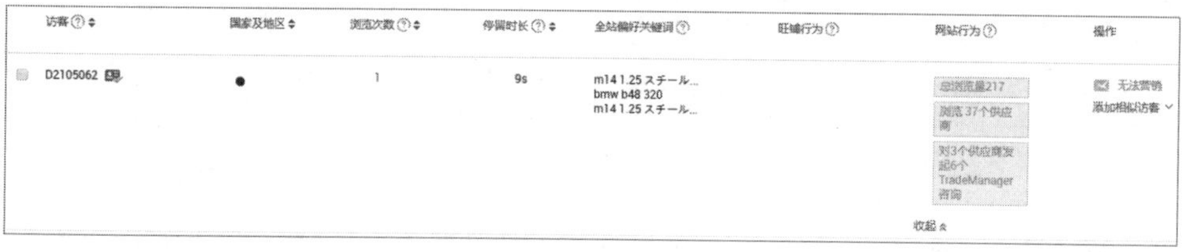

图 3–4　访客详情页面 4

二、访客画像

登录“My Alibaba”—“数据分析”—“访客画像”，可以看到“访客画像”主要是从不同维度来分析访问店铺的客户，主要包含客户构成分析、进店关键词、偏好关键词、本店访问产品、买家来源区域分布。

图 3–5 所示为访客画像页面。时间段可以选择近 7 日、近 30 日或者近 180 日的数据，选择好时间段之后，可以看到该时段内蓝标买家占比情况，近 90 日交易与否、交易买家占比情况及新老客户占比情况。蓝标买家占比较多，则说明买家质量都不错，但并不是说非蓝标买家就一定不好，还需要根据实际询盘内容来做跟进与分析。

近 90 日内交易买家占比越高，则说明来访问店铺的买家都是有真实交易的，而且质量较好，对这类买家可以添加好友，重点跟进，若是一次没有跟进下来，可以放在客户列表里，定期做跟进。

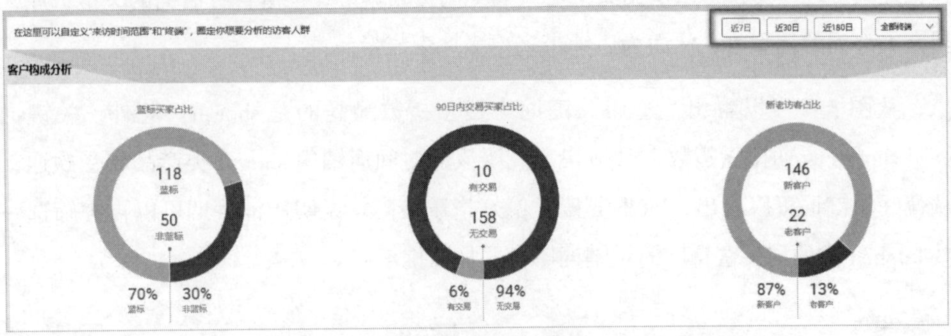

图 3-5 访客画像页面 1

新老客户占比情况：一般新平台的新客户较多，老客户较少，因为前期刚建站，因此不存在老客户一说；后期运营较久之后，新客户仍旧会占比较多，但是没有前期那么明显，是波动的，因为后期建站基础都打好了，覆盖的流量范围也比较大，因此会不断进来新客户，在此期间，需要吸引老客户进行二次下单，甚至多次下单，实现新老客户的良性循环。到了后期，如果老客户还是不多，就需要对之前发询盘的客户进行复盘，盘查是不是跟进环节出了问题，还是产品端口需要改进，如果是新客户较少，则要考虑是不是由店铺排名下降或者转化下降引起的，找到问题后，有针对性地去解决。如图 3-6 所示，该板块还可以根据不同的终端来筛选想要的数据，对比不同终端数据来做出资源的合理调配。

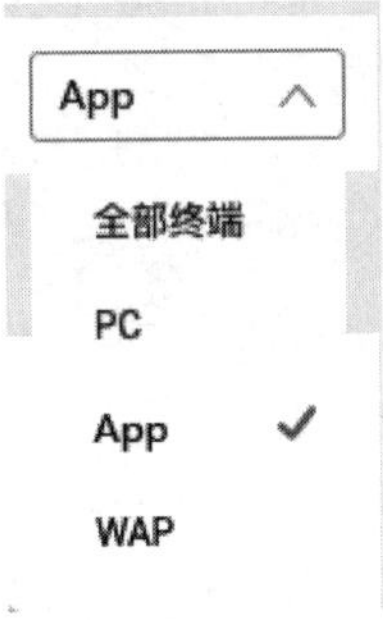

图 3-6 访客画像页面 2

访客画像还会展示进店关键词和偏好关键词，如图 3-7 所示。进店关键词是指访客通过搜索关键词找到了买家产品并进入店铺所使用的关键词。进店关键词能够让卖家清晰了解买家到店搜索词的 TOP20 排名及环比增幅（增幅是指选定的周期与上一个周期的环比增长率）。

偏好关键词是指买家在平台上偏好使用的关键词，包括进店的和非进店的。通过偏好关键词，卖家可以挖掘买家对关键词的搜索偏好，丰富自身店铺的关键词库，提高关键词的覆盖率，从而为店铺带来更多搜索流量。

从图 3–7 可以看出，进店关键词中搜索指数最高的是 shower。此外，关键词 head shower 近期搜索指数上升最快，说明该段时间店铺内 shower 类产品较受欢迎；从偏好关键词可以看出，kitchen 搜索偏好指数最高，说明店铺后期可以再去筛选一些 kitchen 类的词丰富自己的关键词库，并加以推广。

进店关键词

关键词	搜索指数	
1. shower	795	-21.6%
2. shower panel	273	-29%
3. head shower	103	+7.2%
4. chuveiro	71	-19.4%
5. kitchen taps	60	-55.3%

偏好关键词

关键词	搜索指数	
1. kitchen	4744	-7.8%
2. faucet	931	-34.3%
3. shower panel	273	-29%
4. tactical gloves	193	-18.3%
5. shower panels	65	-3%

图 3–7　进店关键词和偏好关键词

访客画像板块还包含了本店访问产品排序（见图 3–8），可以看到对应的访问人数、最近访问日期、访问次数、停留时长的数据，卖家可以通过点击对应指标后的排序按钮，选择升序或降序来查看产品相应指标的数据，以此来判断店内哪些产品更受买家欢迎、哪些产品基本没有买家访问，进而指导这些产品策略的调整和优化。

本店访问产品

商品	访问人数	最近访问日期	访问次数	停留时长
Titanium M2 Screw DIN912	27	2021-05-06 17:05:10	59	717.0s
High quality Titanium gold hex flange head bolt for motorcycle	20	2021-05-06 22:57:38	67	955.0s
Heng titanium hex flange bolts for motorcycle	10	2021-05-06 17:56:27	26	453.0s
Breakaway System Gravel Bicycle Titanium Road Bike Frame	8	2021-05-06 22:53:00	35	1303.0s
Anodized M8 blue flange bolt hex titanium bolt	7	2021-05-06 22:54:46	32	550.0s

图 3–8　访问产品排序

除了本店访问产品排序，还有全站访问产品、离店后直接访问产品的数据可供卖家查看，通过查看可以知道整站同类产品的受欢迎程度和进店客户离店后的去向。

图 3-9 所示为访客画像中地域特征和买家来源区域分布。卖家通过地域特征，可以得知店铺的产品更受哪些地域买家的喜爱，以及特定地域客户 24 小时的访客时段分布情况，这些数据可以指导店铺制定后期推广策略，比如加大访客量多的区域的推广投入。

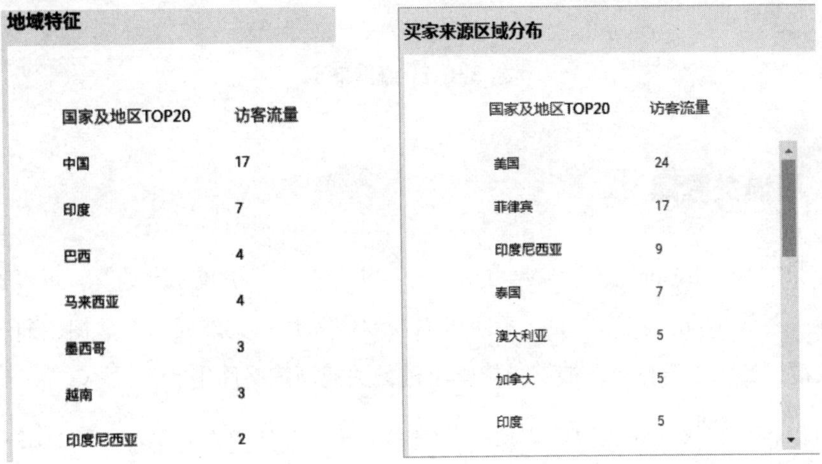

图 3-9 地域特征和买家来源区域分布

三、流量来源

登录“My Alibaba”—“数据分析”—“买家”—“流量来源”，可以看到店铺引流页面，该页面呈现了各个引流渠道带来的店铺访问人数、店内询盘人数、店内 TM 咨询人数和商机转化率数据，如图 3-10 所示。通过该页面的数据，卖家可以知道店铺客户是从哪些引流渠道来的、哪些引流渠道能够为店铺吸引更多客户、哪些引流渠道对客户的引流效果最差，从而优化店铺引流渠道配置。需要注意的是，并不是引流效果不好的渠道就不能采用，店铺还需要结合自身历史引流情况进行综合分析，比如是否对该渠道投入太少导致引流效果差，综合分析出原因后，再根据分析结果制定最终客户引流渠道优化策略。

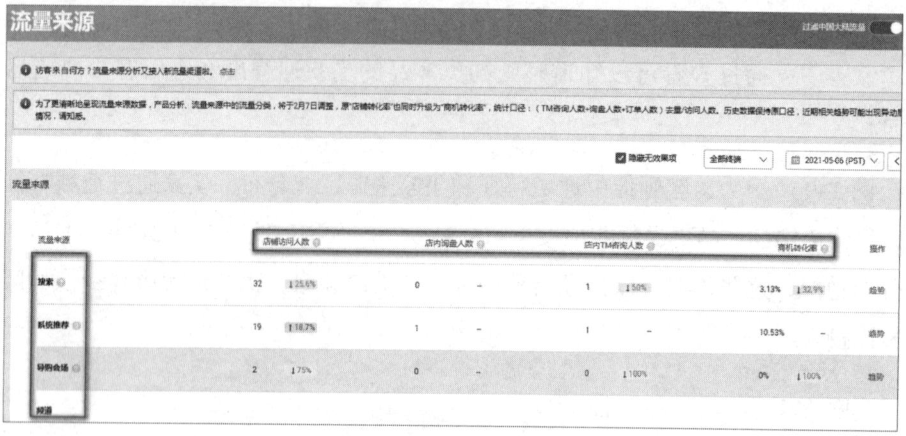

图 3-10 流量来源

四、引流关键词

登录“My Alibaba”—“数据分析”—“买家”—“引流关键词”，可以看到店铺引流关键词情况。在该页面，卖家可以获取周和月的关键词相关数据，通过对获取的关键词数据进行分析，能够指导卖家进行关键词策略优化。

可以选择直接搜索关键词或筛选关键词（是否做外贸直通车推广、是否已设置为关键词等）来搜索关键词，查看特定条件下的关键词排名情况，如图 3-11 所示。通过关键词排名，卖家能够看到哪些关键词更能吸引买家的关注，从而优化关键词设置，达到吸引更多买家来店的目的。

图 3-11 引流关键词

在该页面右侧的自定义列，卖家可以指定 8 个或 8 个以上的指标进行展示，即根据实际需求进行选择。例如，卖家要查看搜索曝光次数、点击量、点击率，则只选择这几个指标即可，选择好指标后，点击图 3–11 中的“导出数据”按钮，就可以将对应指标的数据下载下来，便于后期分析使用。

在引流关键词页面点击“查查看”按钮（见图 3–12），可以查看对应关键词下排名前 10 页的产品，即该关键词下买家偏好购买排名前 10 页的产品，依据该排名，卖家可以调整其产品配置策略。

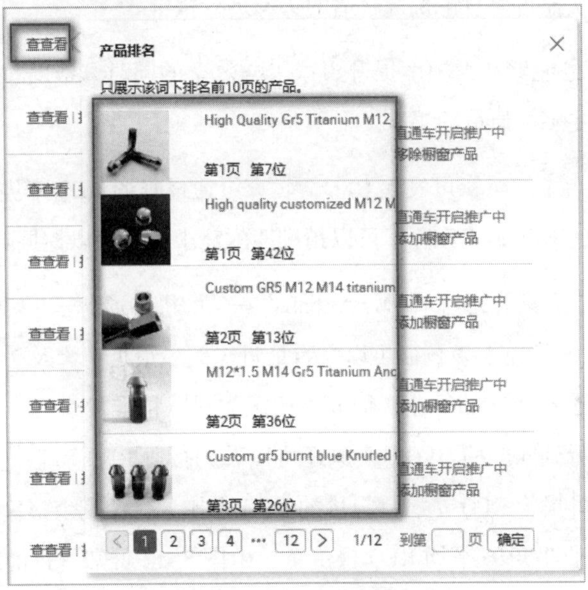

图 3–12 查查看

除了查看某关键词排名前 10 页的产品，还可以选择某关键词，查看关键词指数和包含该关键词的热门搜索词，查看热门搜索词可以丰富店铺关键词库，为关键词的建立提供参考。

任务二 行业趋势分析

行业趋势分析包括 RFQ 商机和市场两大板块。RFQ 是由买家端口发出的需求，是最直接具体的需求，通过筛选出与店铺匹配的 RFQ 进行主动营销，可以使营销更精准化，不仅如此，每一条 RFQ 的背后都可能隐藏着无限商机。市场是对行业整体情况数据的反映，主要有关键词指数、商品洞察、市场洞察、行业商机推荐、行业报告、行业市场分析等数据，通过分析这些数据，能够帮助卖家了解整体的行业情况与趋势，更好地做出店铺经营决策。

一、RFQ 商机

采购直达（Request For Quotation，RFQ）：在这个公开的大市场中，买家会主动发布采购需求，卖家可以自主挑选合适的买家进行报价。

采购直达服务能够在大幅度提升买家采购效率的同时，帮助卖家更好地完成订单转化，并赢取更多高质量的买家。

在国际站平台上，买家可发起 RFQ，卖家可通过查询 RFQ 来进行买家筛选，通过了解买家发起的 RFQ，卖家除了可以精准匹配需求，还可以挖掘隐藏商机。

具体操作时，卖家需先登录“My Alibaba”—“商机沟通”—“采购直达”—“RFQ 商机”，如图 3-13 所示，该页面可以查看最近 1 天、最近 7 天及 7 天以上的 RFQ，同时卖家还可以选择所在的行业，细分到四级类目，精准搜索与卖家匹配的 RFQ。此外，除了能够看到匹配的 RFQ，卖家还可以看到行业 RFQ 动态，可以得知在所选时间段内，行业可报价 RFQ 量、已报价的 RFQ 占比、行业剩余报价席位、行业平均 RFQ 报价量及行业 TOP10 平均 RFQ 报价量。由图 3-13 可知，目前最近 7 天行业可报价 RFQ 量为 397 条，因此可以粗略计算出每天有 57 条左右，当然这 57 条好坏掺杂，因此想要抢到优质 RFQ 进行营销，首先需要在 RFQ 更新的时间挑选合适的 RFQ 进行报价，其次可以根据系统匹配的 RFQ 进行挑选，选择合适的买家进行营销，以获取更多的营销机会。

除此之外，根据系统匹配的 RFQ 商机及 RFQ 市场的商机，可以看到买家端口的采购需求，从需求出发，观察采购需求的变化。如果有较好的产品或者采购集中的产品，产品采购需求旺盛，说明产品在国外市场火爆，卖家可以尝试在网站集中引流，将其打造成爆品；如果是买家端口发出的需求，这个需求可能目前并不热门，搜索的人也很少，这个时候也不要直接忽略，可以尝试到国外的主流搜索引擎中搜索该产品，了解该产品在国外的市场需求，再决定是否将其打造成爆品。

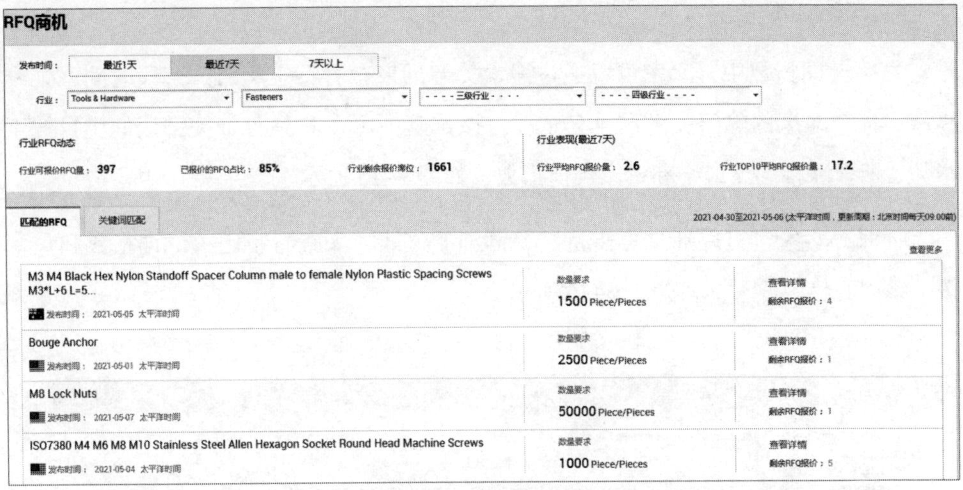

图 3-13 RFQ 商机页面

二、市场

登录“My Alibaba”—“数据管家”—“市场”，如图 3-14 所示，该板块包含关键词指数、商品洞察、市场洞察、行业商机推荐、行业报告、征税查询、行业市场分析。

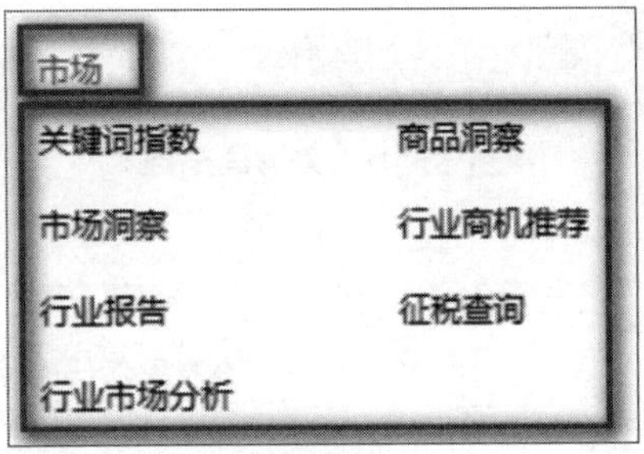

图 3-14 “数据管家”—“市场”

从整体来看，这个板块包含的宏观数据较多，对于新卖家来说可以更好地了解市场环境，进行选品与定位。例如，刚开通店铺的卖家，面对多且杂的产品，很难选择一类重点推广的产品，这时候市场板块的数据就可以让新卖家了解在国际站上哪一类产品相对竞争力比较大、买家比较多，卖家可以据此来选择作为主推款的产品。对于老卖家来说，借助市场板块，可以不断了解行业变化趋势，及时对市场变化做出应对措施。

1. 关键词指数

在关键词指数中，卖家可以通过搜索关键词来查看特定类目、某段时间、某个终端、某个地区的热门关键词排名情况，该排名中可以看到各个关键词的类目搜索指数、搜索涨幅、点击率和卖家规模指数，如图 3–15 所示。

同时，卖家也可以通过点击待定关键词的方式，来查看特定关键词指数和包含该关键词的热门搜索词，如图 3–16 所示。

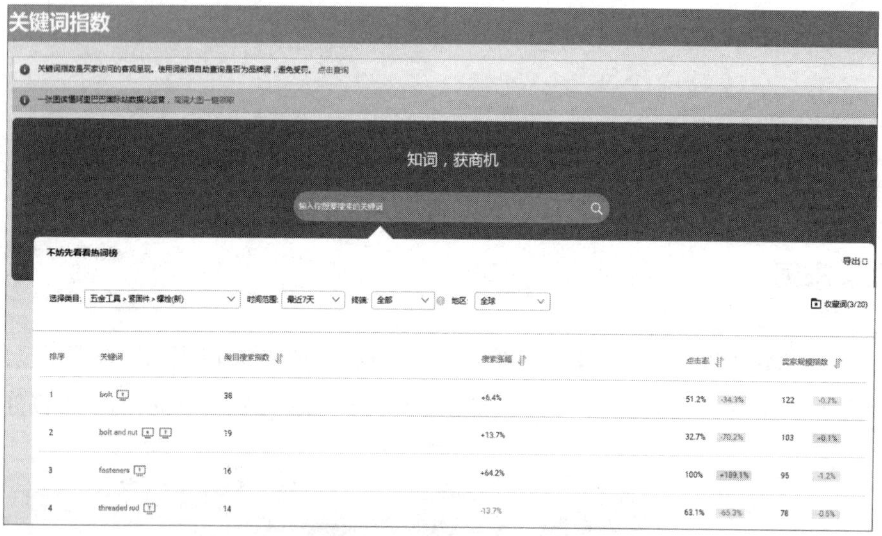

图 3–15　关键词指数

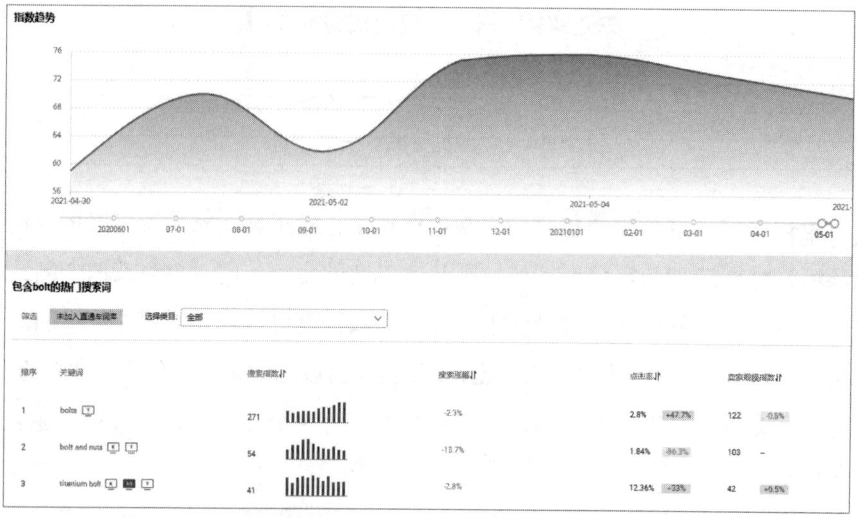

图 3–16　包含 bolt 的热门搜索词

2. 商品洞察

在商品洞察中，卖家可以查看最近 30 天和最近 3 个月商品的竞争变化、买家分布、商品分类分析、价格分析、热卖商品排行、相关品类推荐、流行主题的情况，如图 3–17 所示。

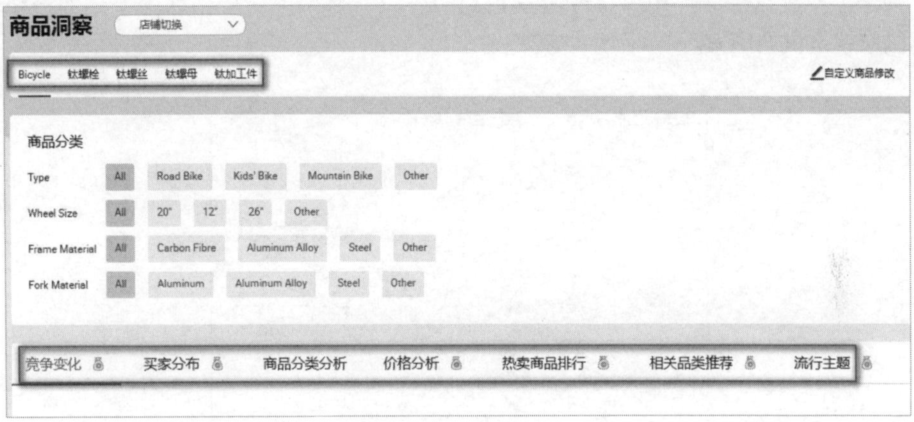

图 3–17 商品洞察

（1）竞争变化情况。

图 3–18 所示为选择商品“Bicycle”后的竞争变化情况，卖家通过分析图中的内容能够发现红蓝海竞争机会。通过对最近 30 天的供需规模进行对比后发现，“Bicycle”的访客规模是卖家规模的 195.3 倍，意向买家规模是卖家规模的 29.2 倍，以此可以判断“Bicycle”当下的红蓝海竞争还是有一定机会的。同时，从图 3–18 中可以看到竞争态势的日变化趋势，方便卖家根据该趋势提前做好布局。

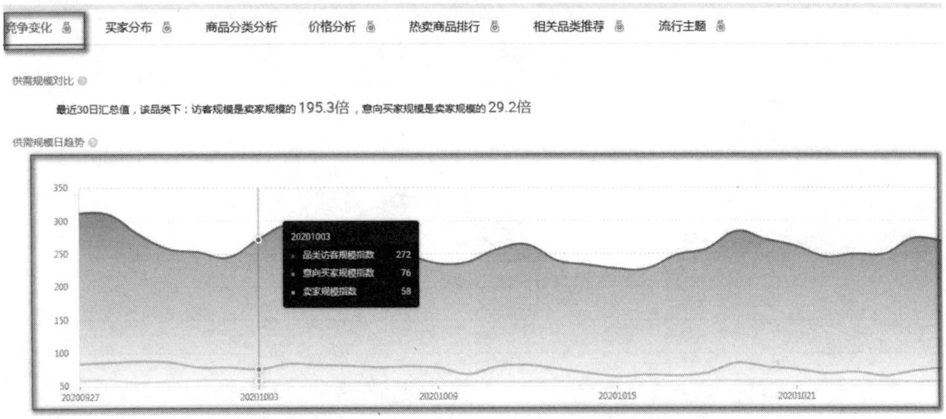

图 3–18 “Bicycle”的竞争变化情况

（2）买家分布情况。

图 3-19 所示为选择商品“Bicycle”后的买家分布情况，通过该图，卖家能够看到意向买家分布的国家及地区、买家规模指数和环比涨幅，通过这些数据来判断选择商品“Bicycle”后的生意意向及营销投放方向。这里的买家分布数据可以结合访客画像中的客户地域数据进行综合分析，如果两类数据中存在差异国家，那么该差异国家就是机会国家。

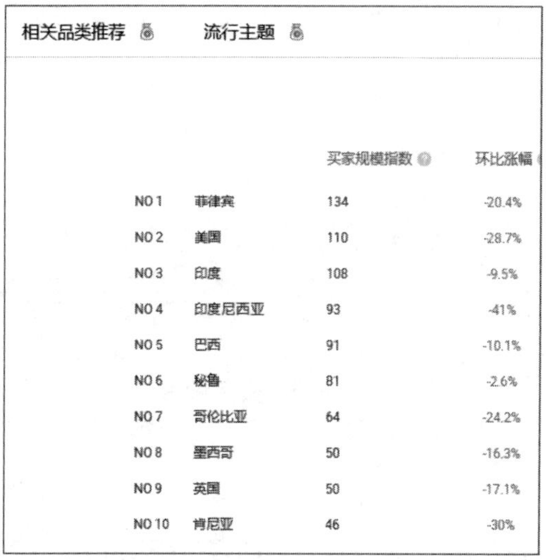

相关品类推荐　流行主题

		买家规模指数	环比涨幅
NO 1	菲律宾	134	-20.4%
NO 2	美国	110	-28.7%
NO 3	印度	108	-9.5%
NO 4	印度尼西亚	93	-41%
NO 5	巴西	91	-10.1%
NO 6	秘鲁	81	-2.6%
NO 7	哥伦比亚	64	-24.2%
NO 8	墨西哥	50	-16.3%
NO 9	英国	50	-17.1%
NO 10	肯尼亚	46	-30%

图 3-19 “Bicycle”的买家分布情况

（3）商品分类分析。

图 3-20 所示为选择商品“Bicycle”后的商品分类分析，卖家通过该图能够看到各细分类目的采购占比，以此来判断买家的采购偏好。

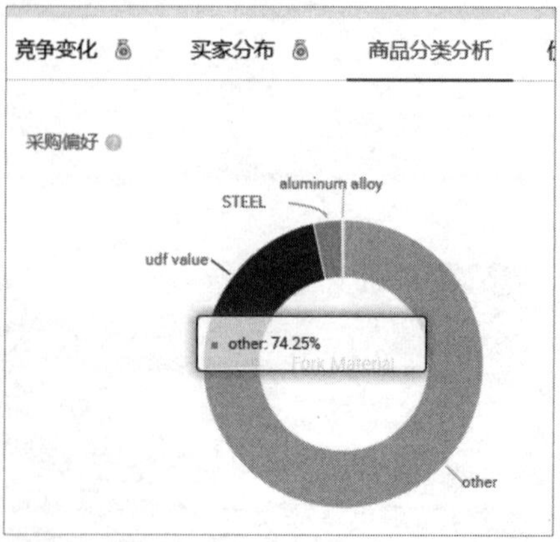

图 3-20 “Bicycle”的商品分类分析

（4）价格分析。

图 3-21 所示为选择商品“Bicycle”后的价格分析，卖家通过该图能够看到商品定价分布与商机，可以看到各个价格区间对应的商品数量占比和询盘数占比，然后结合海外 B2C 市场商品的售价，综合确定店铺商品的定价。

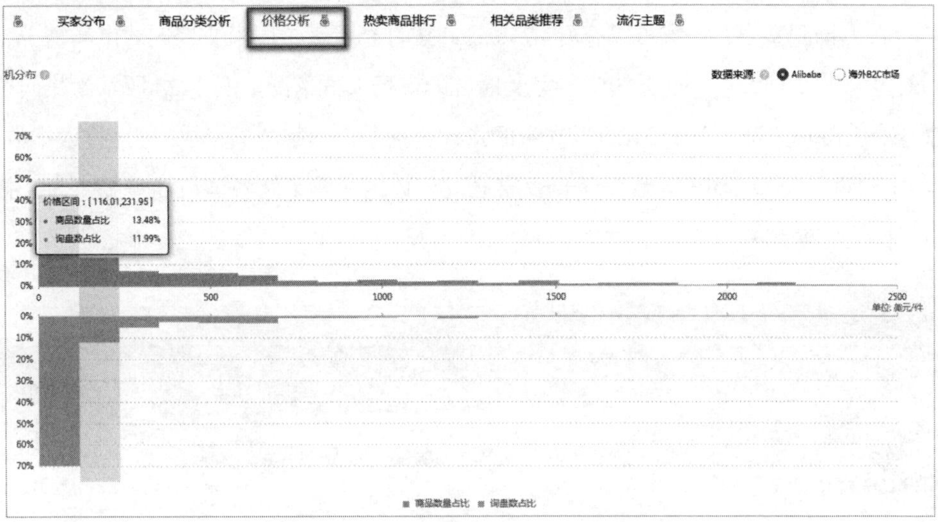

图 3-21 “Bicycle”的价格分析

（5）热卖商品排行。

图 3-22 所示为选择商品“Bicycle”后的热卖商品排行，卖家通过该图可以查看最近 30 天或最近 3 个月的热品和飙升品，为选择机会商品提供参考。

图 3-22 “Bicycle”的热卖商品排行

除了以上几个方面，卖家还可以通过相关品类推荐查看购买过某款商品的买家还购买了哪些商品，从而为店铺拓品提供参考。卖家可以通过流行主题查看某款商品的搜索关键词（买家 / 卖家规模指数、环比增幅）情况，了解买家搜索偏好。

3. 市场洞察

在市场洞察中，卖家可以查看近 30 日和按月查看某个国家或地区的市场情况，同时也可以在页面直接查看热门国家及地区的市场人群情况。图 3–23 所示为热门国家及地区市场人群情况，卖家可以查看的指标包括各个国家的买家数占比、搜索指数、TOP1 询盘品类和 TOP1 询盘商品。卖家通过该数据能够了解各国市场情况，为开拓市场提供数据参考。

图 3–23　热门国家及地区市场人群情况

除了可以直接查看热门国家及地区市场人群情况，卖家还可以通过点击图 3–23 中右侧的“了解更多”按钮，来获得某个国家更多的数据信息，包括买家画像、搜索偏好、热品分析、品类偏好及贸易数据，如图 3–24 所示。卖家通过国家详情数据能够更深入地了解某个国家的具体情况，比如了解该国买家的品类偏好，就可以针对买家的品类偏好安排相应产品或进行更深入的营销。

图 3-24　市场洞察页面

4．行业商机推荐

卖家通过行业商机推荐可以第一时间获取所选类目商品的流行趋势和小二的选品动态，帮助其尽早发布商机产品，并做相应的推广，占据商机主导位置。图 3-25 所示为行业商机推荐页面可以查看的内容。

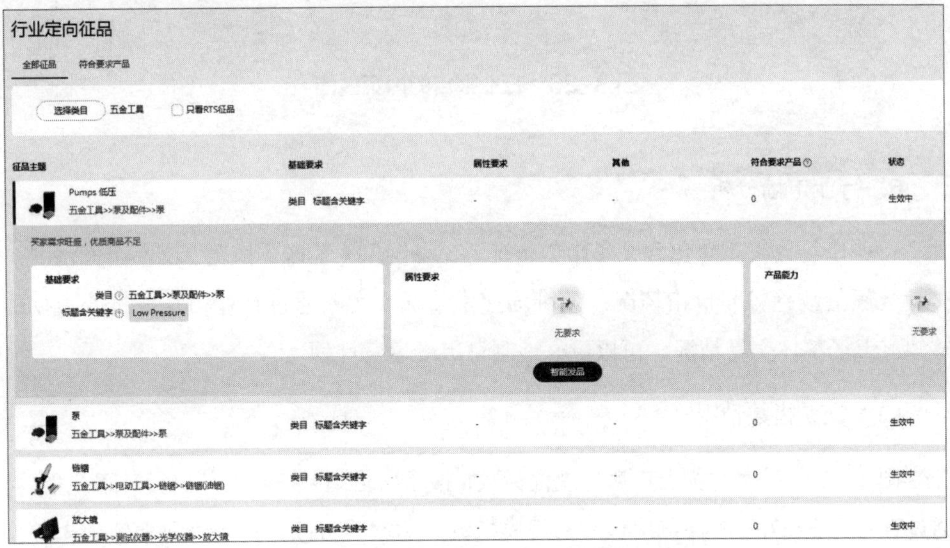

图 3-25　行业商机推荐页面可以查看的内容

5．行业报告

行业报告分为行业报告和行业简报。行业报告是阿里研究院等发布的行业数据报告；行业简报与行业报告相比，篇幅较小，用来分析较精简的行业数据。图 3-26 所示为行业报告的内页截图，卖家通过这些行业报告能够从市场角度了解类目 / 行业的数据变化情况、趋势情况等信息，可以更好地制定行业发展策略。

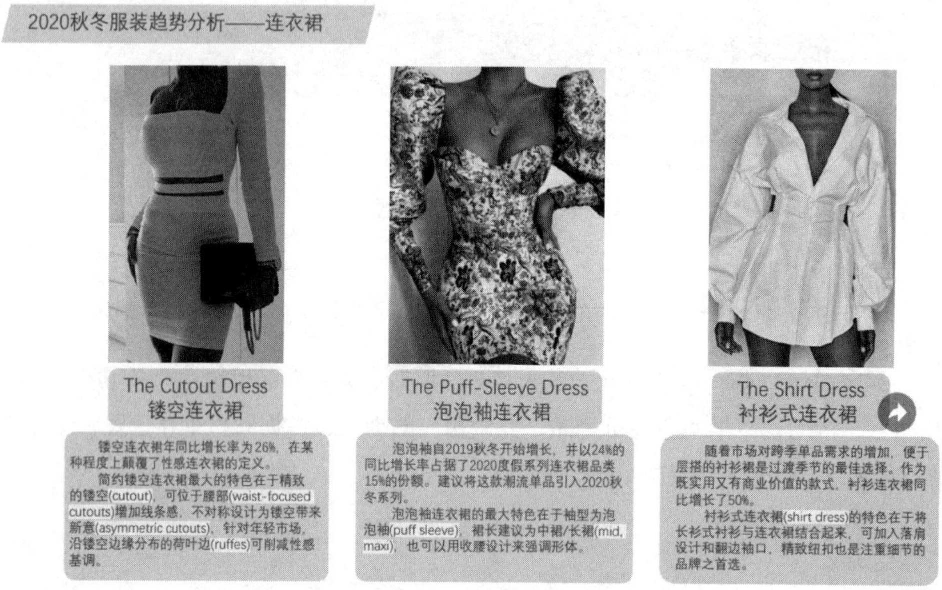
2020秋冬服装趋势分析——连衣裙
The Cutout Dress
镂空连衣裙
镂空连衣裙年同比增长率为26%，在某种程度上颠覆了性感连衣裙的定义。
简约镂空连衣裙最大的特色在于精致的镂空(cutout)，可位于腰部(waist-focused cutouts)增加线条感，不对称设计为镂空带来新意(asymmetric cutouts)，针对年轻市场，沿镂空边缘分布的荷叶边(ruffes)可削减性感基调。
The Puff-Sleeve Dress
泡泡袖连衣裙
泡泡袖自2019秋冬开始增长，并以24%的同比增长率占据了2020度假系列连衣裙品类15%的份额。建议将这款潮流单品引入2020秋冬系列。
泡泡袖连衣裙的最大特色在于袖型为泡泡袖(puff sleeve)，裙长建议为中裙/长裙(mid, maxi)，也可以用收腰设计来强调形体。
The Shirt Dress
衬衫式连衣裙
随着市场对跨季单品需求的增加，便于层搭的衬衫裙是过渡季节的最佳选择。作为既实用又有商业价值的款式，衬衫连衣裙同比增长了50%。
衬衫式连衣裙(shirt dress)的特色在于将长衫式衬衫与连衣裙结合起来，可加入落肩设计和翻边袖口，精致纽扣也是注重细节的品牌之首选。

图 3-26　行业报告的内页截图

6．行业市场分析

行业市场分析主要包含交易指数情况、交易国家（地区）情况、交易金额情况、交易金额指数趋势与价格情况、关键词搜索情况。卖家通过行业市场分析的数据能够知道市场整体交易情况，可以更好地制订市场运营计划。

（1）交易指数情况。

图 3–27 所示为外贸出口交易规模指数、搜索次数指数、收汇与出货时间差指数。通过查看图 3–27 中的外贸出口交易规模指数，卖家就可以知道当月指数值为 3.27，同比增长 3.48%，环比增长 7.92%，近 6 个月环比下降 20.68%，近 12 个月环比增长 3.41%，峰值出现在 9 月，低谷出现在 2 月。同时，通过折线图，卖家还能够清楚地看到各月份的指数情况。

（2）交易国家（地区）情况。

通过图 3–28 卖家可以看到交易金额国家（地区）排行榜和搜索量国家（地区）排行榜，同时能够查看每个国家（地区）交易金额 / 搜索量所占的比例，以及 TOP3 国家和地区交易金额 / 搜索量所占的比例。通过该图，卖家能够知道哪些国家为其带来了最大的经济效益，从而将这些国家作为重点运营国家，以吸引更多的流量。

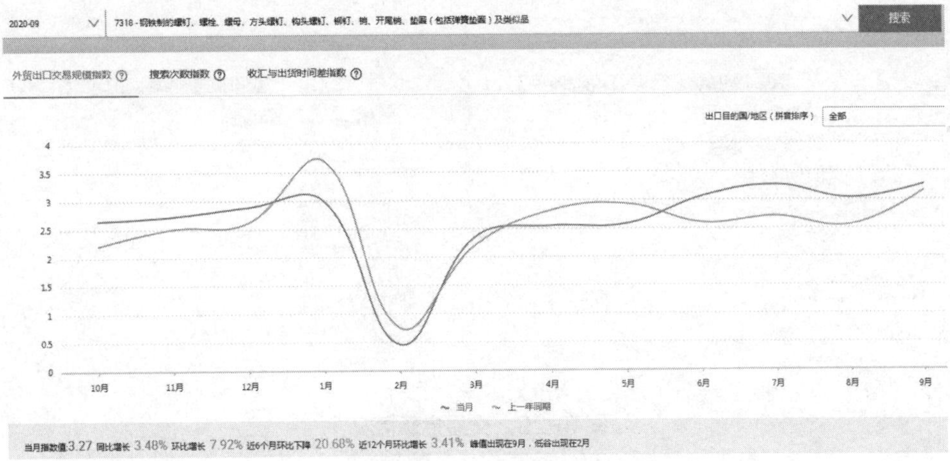

图 3-27　交易指数情况

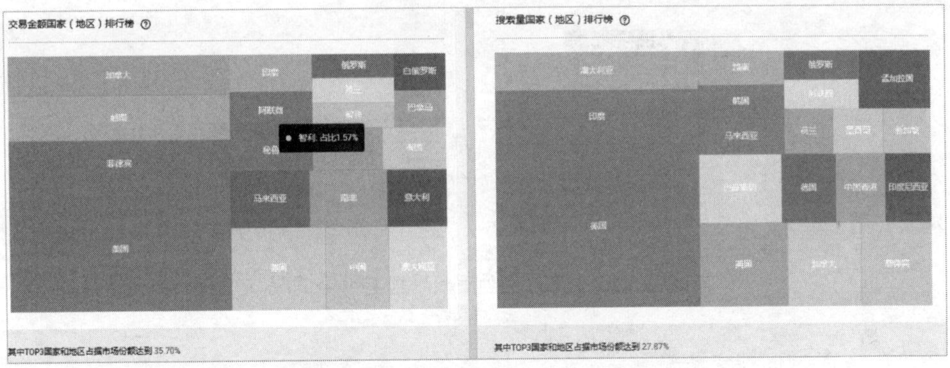

图 3-28　交易国家（地区）情况

（3）交易金额情况。

卖家可以了解某品类下实际出口产品交易金额占比排行榜（最多 TOP10），了解主流产品趋势，也可以了解某品类下当月交易额排名前 100 名的产品中，与上一年同期相比变化最为显著的榜单（最多 TOP10），了解交易变化最新趋势，从而为店铺品类结构调整提供参考，如图 3-29 所示。

（4）交易金额指数趋势与价格情况。

卖家可以了解当前选定产品品类交易金额指数趋势，以及当前选定产品品类当月报关价格的分布规律。结合数据分析图，卖家能够确定吸引买家购买的价格区间及每个月的交易金额指数变化情况，从而帮助卖家进行产品价格调整和交易金额指数数据监控，如图 3-30 所示。

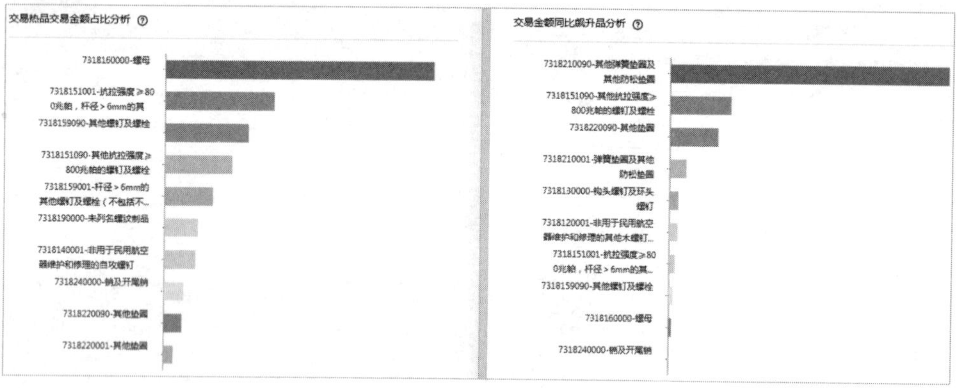

图 3-29 交易金额情况

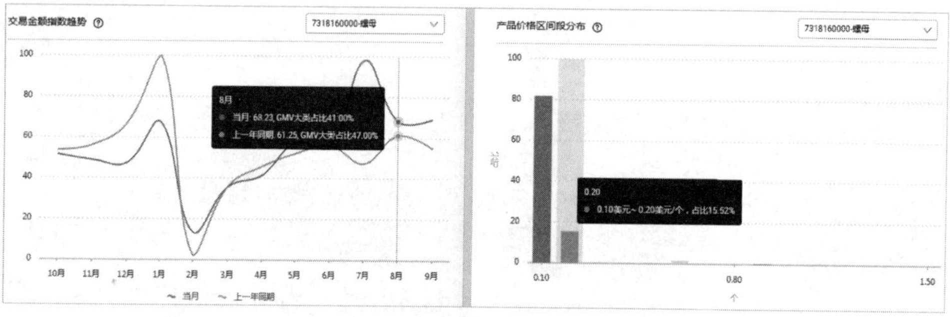

图 3-30 交易金额指数趋势与价格情况

（5）关键词搜索情况。

卖家可以通过气泡图查看搜索热度、同比增长率、搜索点击率，需要注意的是，图中的搜索关键词展示数量共计 20 个，分布越靠右说明搜索热度越高；分布越靠上说明同比增长越快；圆圈越大说明搜索质量越高（买家搜索后点击产品概率越高）。总体来讲，越靠近右上方的关键词越需要重点关注，如图 3-31 所示。

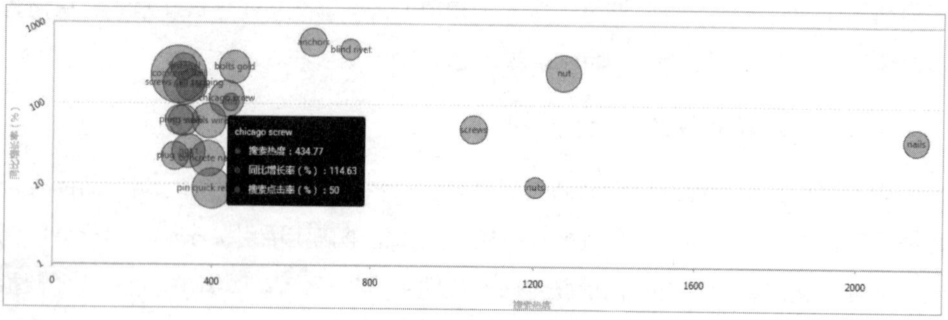

图 3-31 关键词搜索情况

项目小结

本项目通过收集目标客户和行业核心板块的相关数据，从买家及行业角度来分析预判买家的行为趋势和行业的发展趋势，帮助卖家根据相应数据趋势，制定精准的客户引流策略、行业发展策略等。

蓝标买家：这里涉及阿里巴巴后台商业身份识别，以下为具体介绍。

商业身份识别（business identity）用于识别并展示买家商业身份的验证情况，分为以下三类。

（1）身份已验证买家：这类买家是由于在平台上的采购行为被系统规则打上蓝标认证的，国际站认为这类买家是存在采购行为的真实买家。

（2）行为已验证买家：这类买家过去在国际站平台发生过一定的商业行为，包括但不限于发送 RFQ、网上采购、要求供应商产品检验等，或由已在平台上注册的供应商或商业伙伴根据买家在平台上的行为确认该买家为商业采购买家（这类买家的商业身份还未经任何人检验和确认）。

（3）未验证买家：这类买家的任何信息均未被检验或者确认。

项目四

数据优化与提高点击率、转化率

国际站基础建站完成之后，卖家就可以在平台上进行推广营销等活动，而在这个过程中就会产生一系列的曝光、点击、反馈等数据。通过分析这些数据，可以明确运营现状并制定对应的优化策略，从而实现平台的数据分析优化，那么网上的贸易之路也能够走得更加通畅。

学习目标

知识目标

（1）了解点击率和转化率的概念；

（2）了解影响产品点击率和转化率的因素；

（3）了解产品的数据情况呈现；

（4）了解点击率和转化率优化的内容。

能力目标

（1）能够通过点击率和转化率来分析数据情况；

（2）能够对产品进行优化。

项目概述

在国际站的营销过程中，卖家需要对平台数据的呈现进行分析和优化来获取更大化的推广。那么，如何才能看懂这些数据情况呢？需要通过什么样的数据来呈现？接下来怎么通过优化来进行更好的推广呢？这一系列知识及能力将在本项目得到系统的学习和训练。

项目分解

该项目将对国际站的数据呈现进行学习，包括影响产品点击率和转化率的因素，以及如何对其优化。通过实训，学生能够独立对国际站的数据呈现进行优化，实现网站的初步诊断优化。

任务一　数据优化与点击率

一、认识点击率

点击率是指在指定时间内，产品信息在搜索结果和按照类目浏览的列表页中获得的点击量与曝光量的比值，即点击率 = 点击量 / 曝光量。

某卖家 2020 年 9 月产品信息或公司信息的搜索曝光次数（曝光量）为 31013 次，搜索点击次数（点击量）为 742 次，如图 4–1 所示，其点击率为 2.39%，即 742/31013 ≈ 2.39%。

图 4–1　某卖家 2020 年 9 月的经营数据

A 产品在 2020 年第 42 周的搜索曝光次数（曝光量）为 305 次，搜索点击次数（点击量）为 13 次，如图 4–2 所示，其点击率为 4.26%，即 13/305 ≈ 4.26%。

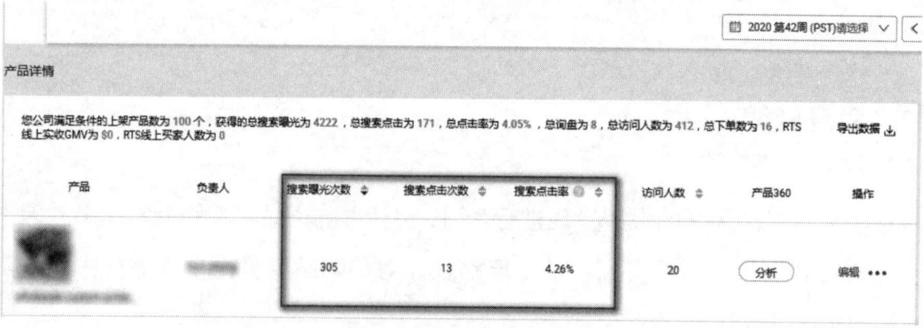

图 4–2　A 产品 2020 年第 42 周的详情数据

一般情况下，在没有其他付费推广（如外贸直通车、顶级展位等）时，正常点击率是在 1% 及以上，不同行业的点击率会有偏差。

二、影响产品点击率的因素

国际站是批发式的商业平台，需要展示供应商的实力并体现专业度，从而增加买家的信赖度。产品发布之后，经过推广有了曝光，但并不一定有点击量。无点击量或点击量低，一般是产品所展示的内容并未引起买家关注。

在搜索结果页面或者类目浏览页面中，买家第一眼就能看到的信息都是影响点击率的因素。产品展示的信息主要包括产品图片、产品基本信息、公司信息及贸易数据，如图 4–3 所示。

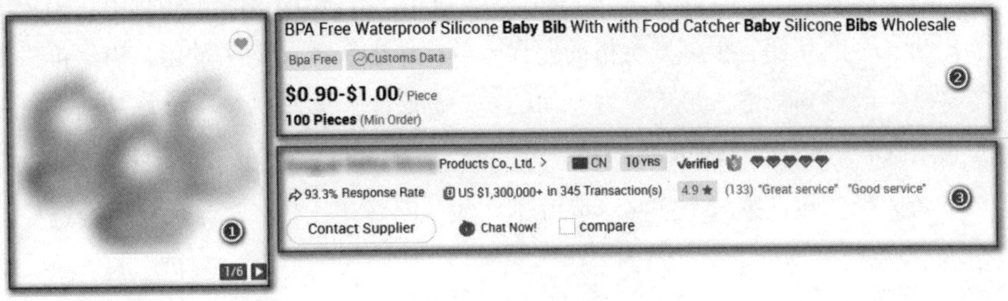

图 4–3　产品展示的信息

1．产品图片

产品图片是买家搜索后进行产品筛选的首要因素，通过产品图片，买家可以迅速定位到与之匹配且感兴趣的产品。产品图片的质量决定了买家的关注程度，并促使其产生想进一步了解的欲望。

2．产品基本信息

（1）产品名称是买家采用关键词搜索的第一匹配要素，产品名称的设置决定了买家能否精准地搜索定位产品。目标比较明确的买家，习惯通过产品名称去判断产品的图片和属性是否符合自己的需求，然后决定是否点击。大多数情况下，买家在利用关键词搜索完产品之后，会得到上千条的产品信息，看到的图片可能都是相似的，因此产品名称也是影响买家点击的关键因素。

（2）产品的价格和 MOQ：产品的价格和 MOQ 直接影响买家的购买欲望，如果价格和 MOQ 设置偏高，就会让买家望而却步，所以需要设置合理的价格和 MOQ，吸引买家点击。

3. 公司信息及贸易数据

公司名称、服务年限、供应商指数、是否开通信用保障服务、成单量、及时回复率、评价板块等信息都是买家参考的因素。买家从搜索页面找到对应的产品，再通过以上信息判断公司的实力和专业度，如果是在同等产品匹配的情况下，展现实力可以使他们产生信任感，增加他们点击产品的概率。另外，TradeManager 是否在线也会影响买家点击的兴趣。

图 4-4 所示为 dog bed 产品对比。首先，看产品图片，两个产品外观相似，第一个产品体现了产品使用的实际效果，能迅速传达出产品实际大小的概念。其次，看标题，两个产品与标题都是匹配的。再次，看价格，在 MOQ 相同的情况下，第一个产品比第二个产品便宜很多，价格的差异会直接影响买家的购买欲望，当然价格便宜不是唯一的评判标准。最后，看公司的实力与其贸易数据，第一个产品的及时回复率是 100%，近 6 个月成单量是 100 个，第二个产品的及时回复率是 80%，暂没有成单量的展示，并且第二个产品客服并不在线。两者相比较，买家大概率会选择点击第一个产品。

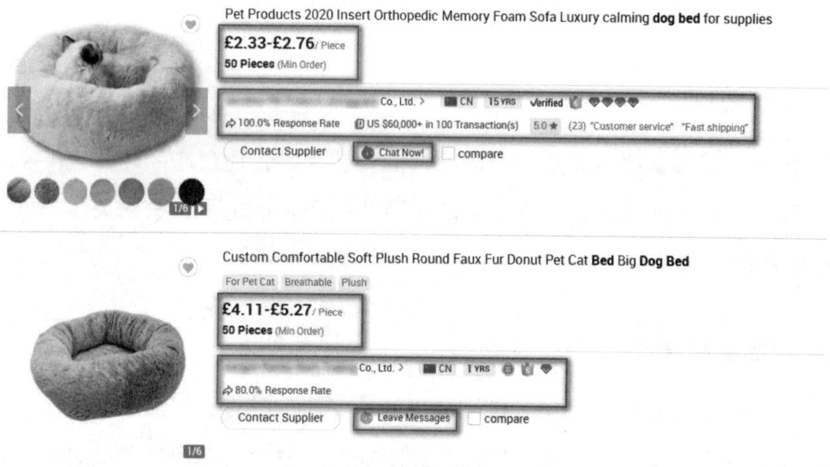

图 4-4 dog bed 产品对比

三、优化影响产品点击率的因素

优化产品点击率需要通过影响产品点击率的因素来对症下药，主要细分为以下几个方面。

（1）产品图片应使用拍摄清晰、美观规范的优质图片。

① logo 固定左上角，建议只展示品牌标志，不可加边框或文字信息，以英文为优。

② 尺寸建议为 640px × 640px 以上，长、宽比例为 1∶1 的正方形。

③ 背景建议为浅色或纯色底，推荐使用白色，不建议使用彩色底及杂乱的场景背景。

④ 主体展示产品的正面，居中且大小合适，不宜过大、过小或不完整，以突出产品主体为宜。

⑤ 图片数量展示建议 3 张以上，可以展示 SKU 及产品正面、背面、侧面、产品标签细节。

⑥ 产品图片和产品名称要一致。

（2）产品名称设置要专业。

① 标题表述和产品主图要一致。

② 产品名称长度要适当，能说明产品优势、特性即可，不可过短，也不可过长，最多不超过 128 个字符（买家搜索词是有 50 个字符限制的，名称太长会降低买家搜索词的匹配度）。

③ 去掉产品名称中重复添加的多个关键词，产品名称罗列和堆砌不但不会帮助产品提升曝光率，反而会降低产品与买家搜索词匹配的精确度，从而影响搜索结果，影响排序。

④ 慎用特殊符号，如需使用，在符号前后加空格。

⑤ 检查产品名称中是否包含其他品牌的相关信息，若是，将其删掉。

⑥ 优化产品名称和买家搜索词的相关性。

（3）产品的参数应尽可能完善。

① 价格按公司和产品实际情况设置，在合理范围内要有一定竞争力。

② MOQ 按公司和产品实际情况设置，应尽量符合大多数买家的需求。

（4）开通信用保障服务彰显信用、提升成单量、提升及时回复率等。

（5）工作时间客服要尽可能在线。

任务二　数据优化与转化率

一、认识转化率

转化率是指在指定时间内，访问过店铺或产品详情页的买家中，发生过询盘、TM 咨询的人数占比，转化率 =（询盘人数 +TM 咨询人数）/ 访问人数

某卖家 2020 年 9 月的店铺访问人数为 1194 人，店铺询盘人数为 10 人，店铺 TM 咨询人数为 13 人，如图 4–5 所示，店铺转化率为 1.93%，即（10+13）/1194 ≈ 1.93%。

图 4–5　某卖家 2020 年 9 月的店铺效果数据

B 产品在 2020 年第 42 周的访问人数为 62 人，询盘人数为 2 人，TM 咨询人数为 1 人，如图 4–6 所示，则转化率为 4.84%，即（2+1）/62 ≈ 4.84%。

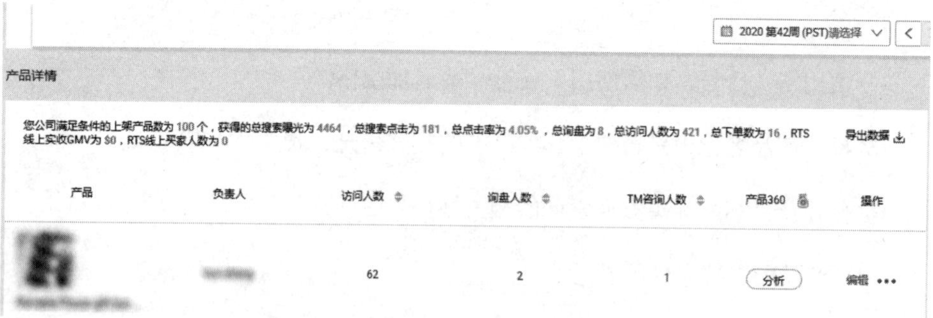

图 4–6　B 产品 2020 年第 42 周的详情数据

一般情况下，在没有其他付费推广（如外贸直通车、顶级展位等）时，正常转化率是在 10% 及以上，不同行业的转化率会有偏差。

二、产品优化与转化率

（一）影响产品转化率的因素

国际站仅仅展示产品信息及产品图片，不足以建立买家与卖家之间的信任感。影响获得买家信任并发送询盘的因素比较多，一般买家在发送询盘前都会浏览产品详情、公司旺铺、物流等信息，来考察产品的信息专业度和公司可信度，很多买家也会货比三家，选择服务能力及实力俱佳的公司。

（二）优化影响产品转化率的因素

1. 产品详情优化

（1）产品的标题匹配优化：若产品的点击率高、转化率低，则首先要考虑产品标题的匹配度。匹配度不高，带来的并不是目标用户，而且容易产生较高的询盘流失率。

（2）产品的内页详情优化：通过对海外买家的实地调研、点击和询盘转化数据的建模分析，发现 80% 以上的买家在寻找产品时都会查看产品页面，如果产品细节展示不够清晰，卖家就无法快速建立与买家的信任。因此，PC 端旺铺和无线端旺铺要分别进行专业化装修，提升买家的好感度和信赖度，尽量做到发布的产品都有产品视频及细节展示，如图 4–7 至图 4–11 所示。

图 4–7　产品详情视频

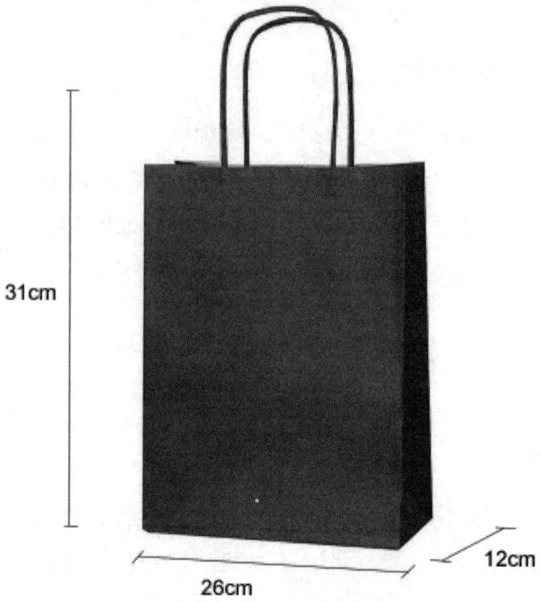

图 4-8 产品尺寸展示

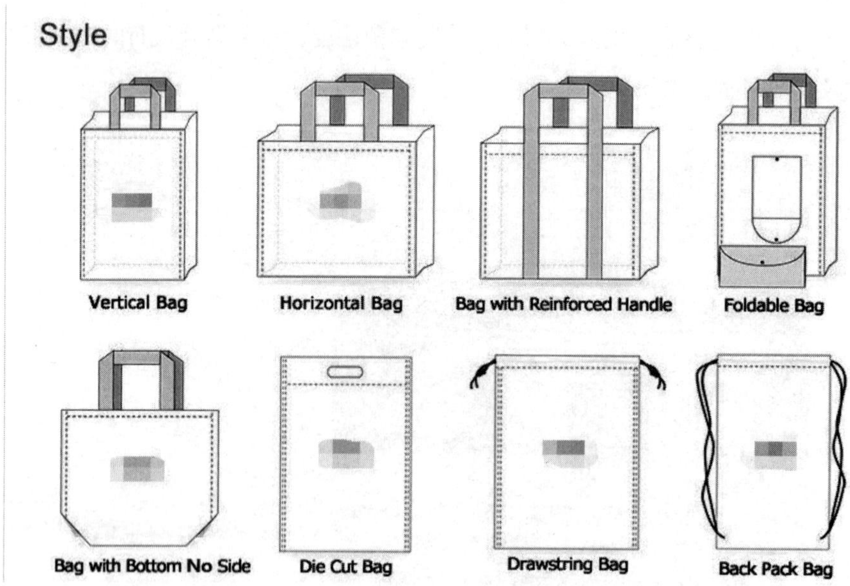

图 4-9 产品样式展示

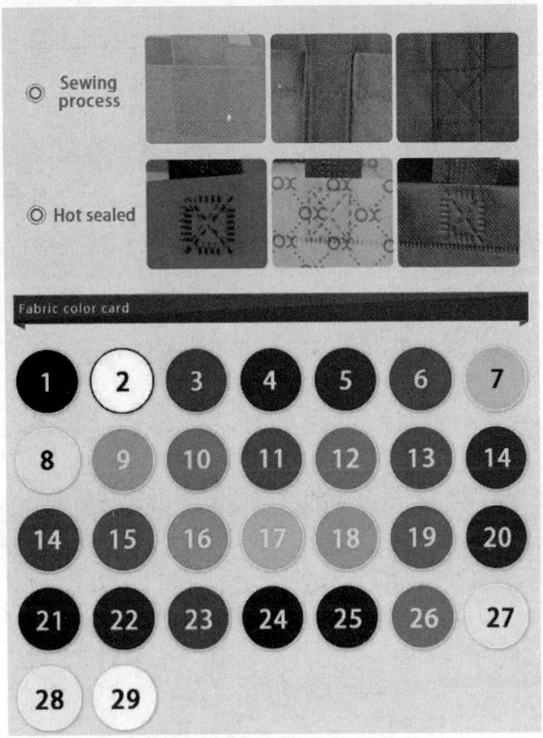

图 4-10 产品特性展示

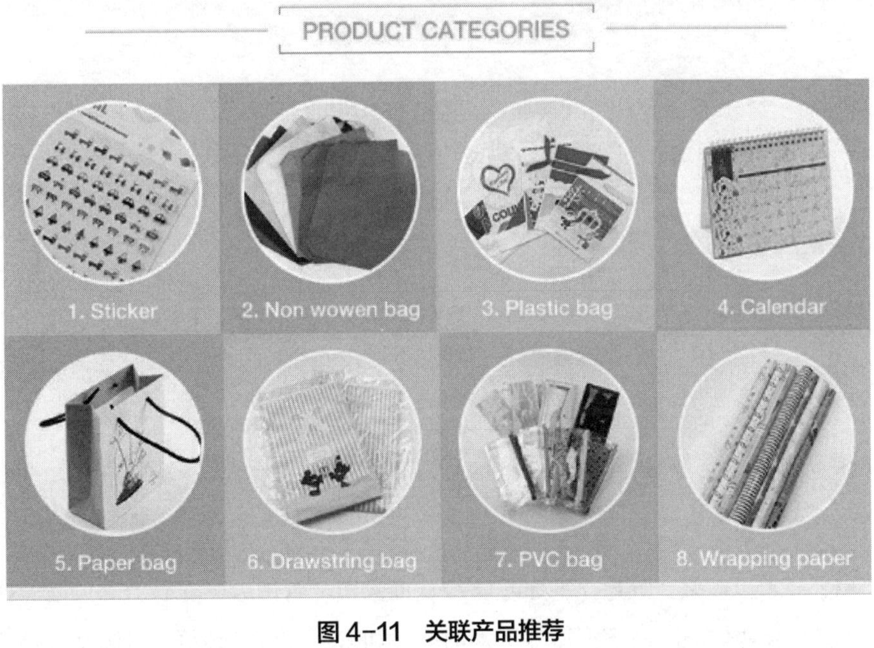

图 4-11 关联产品推荐

产品详情视频位于产品详情描述的上方，时长控制在10分钟以内，通过镜头语言进行特写细节、整体效果的呈现，可结合对产品的生产过程、使用过程进行流程化表现，以体现产品的特点、材质及使用方法，也可展示公司的实力与技术。

通过图4-7至图4-11展示出来的信息，买家首先了解尺寸的外观样式及大小；然后从详情展示出的定制板块介绍可以得到更多选择权，包括外观样式、缝制工艺、密封形式及颜色选择；最后采用一图多链接形式，在产品详情页中添加类目推荐，引导买家点击进入以提升额外的流量，一方面可以进行关联产品推荐，另一方面即使买家对当前产品并不满意，也不会白白浪费掉流量。

2．公司实力展示

公司年限、商家星等级、主营市场和及时回复率等公司信息卡能展示的所有信息，如图4-12所示。

（1）公司年限：8年。相对来说，公司年限越长越有实力，也更加注重品牌形象和声誉，在质量、服务等方面的保障性就更加完善。

图4-12 公司信息卡

（2）商家星等级：五星。商家星等级从商家力、营销力、交易力和保障力四个能力项来综合评估国际站商家服务买家的能力和意愿，商家必须同时满足分数标准才能晋级对应的星等级，星级越高，越容易吸引买家，获取更多商机。

（3）主营市场：西欧市场占比 45%，北美市场占比 35%，大洋洲市场占比 15%。买家如果看到主营市场是他们的市场，购买欲望也会更加强烈。

（4）及时回复率：90.8%。买家发送询盘消息或者 TM 消息之后，会希望第一时间收到回复，及时回复率不仅体现商家的专业度，还影响买家询价与继续沟通的欲望。

三、从转化率中发现价值

（一）有目的地提高产品转化率

为了避免因点击率和转化率低而带来的产品排名影响，可以有目的地提升有效曝光量。

（1）发布高质量产品。优秀的产品信息质量能够带来更多的曝光、点击和反馈，商家在发布产品时，通过规范、丰富（如产品名称、关键词、属性信息等）一些要素，优化产品信息质量，从而增加平台实力优品的数量。

（2）多类目产品发布时要注意选择不同的类目，可从搜索类目或者首页前台参考的类目中进行选择，产品发布成功后进入搜索排序的轨道当中。

（3）有效利用橱窗、顶级展位、P4P 等，增加产品搜索权重，优化排名，提升产品曝光量。

（二）关注与下单支付相关的转化率

提升转化率不仅可以通过产品的优化操作，还受平台本身的资质影响。商家的每笔交易，都有助于提升商家星等级的营销力和交易力评分，进而影响商家星等级的评定。

（三）监控与关键词相关的转化率

不同产品的转化率是不一样的，商家可以通过 “数据管家”—“产品分析”查看每个产品的转化率情况。转化率跟关键词的匹配度有很大关系，找出点击率高且无反馈的产品，用这个产品的核心关键词去首页进行搜索，找到自然排名靠前的产品款式匹配当下搜索出来的产品款式，若不匹配，则需要根据搜索情况进行优化款式。图 4-13 所示为产品不匹配的情况。

图 4-13　产品不匹配的情况

项目小结

本项目通过平台上数据情况的呈现来认识点击率和转化率，并学习影响产品点击率和转化率的因素。通过学习，让学生了解其概念，重点掌握优化影响产品点击率和转化率的因素，帮助学生在运营当中初步具备合格的网站诊断和优化能力。

名词解释

（1）搜索曝光次数：卖家产品信息或公司信息在搜索结果列表页或类目浏览列表等页面被买家看到的次数。

（2）搜索点击次数：卖家产品信息或公司信息在搜索结果列表页或类目浏览列表等页面被买家点击的次数。

（3）店铺询盘人数：在卖家店铺页面及产品详情页面，对卖家成功发起有效 MC 询盘的买家，当日去重，隔日不去重。

（4）店铺 TM 咨询人数：在卖家店铺页面，通过 TradeManager 与卖家联系的买家数。

知识链接

（一）为什么产品的访客和曝光的数值有差异

有曝光不一定有访客，有访客也不一定有曝光。产品的访客和曝光的数值有差异，通常有以下几种情况。

（1）该产品在搜索结果页面被买家看到，但买家没有点击。在这种情况下，只有曝光，没有访客。

（2）买家通过站外搜索或者收藏链接直接访问该产品页面。在这种情况下，没有曝光，但有访客。

（3）买家在阿里巴巴的推荐等其他页面，如询盘成功页面推荐、TradeManager推荐等渠道给该产品发送询盘或用TM咨询。在这种情况下，没有曝光，但有访客。

（4）该产品在搜索结果页面被买家看到，并且买家进行了点击，在这种情况下，既有曝光，也有访客。

（二）曝光、排名为什么下降了

若公司发现曝光、排名下降，建议按如下步骤排查。

1. 查看下降范围是否在合理范围内

请进入“MA”—“数据管家”—“数据概览”，按周观察一下目前的曝光与过去的对比，若并没有波动得很大，建议再观察一段时间，因为曝光在一定范围内波动是正常的。

2. 查看热门产品排名是否下降

请进入“MA”—“数据管家”—“产品分析”，搜索查找公司主推热门产品，看曝光对比其他产品是否偏低，若偏低，建议重点优化此部分产品信息，或把这些产品加入直通车、顶级展位、橱窗中进行推广。

3. 查看公司是否存在大量零效果产品或重复铺货产品

请进入“MA”—“数据管家”—“零效果产品”，查看是否有零效果产品或重复铺货产品。

4. 检查外贸直通车、顶级展位等是否有到期或暂停推广的

一般费用不够、推广时长不足等都会影响整体曝光量；若账户费用不足，建议及时充值，推广时长不足则考虑是否需要适当调整日消耗额度。

5. 检查公司是否处于处罚期

请进入“MA”—“服务中心”—“规则中心”，违规记录会显示违规对象、违规类型、计振 / 扣分等详细记录，处罚记录会展示当前及历史的处罚情况，包括处罚手段、处罚时间等。若扣分超过一定分数，可能导致公司产品或旺铺被屏蔽搜索，此种情况下公司曝光势必会受影响。

项目五

店铺数据分析

我们在基础建站的同时，也要具备全局观。虽然店铺运营前期的主要流量来源还是集中于产品，但是随着店铺自身数据的积累及国际站的发展，从量变到质变，从产品引流到全方位引流，这期间需要通过不断分析整个店铺的数据来了解当下店铺存在的不足及接下来需要重点做出的优化，做到优化劣势，发挥优势，提升店铺数据，引领行业潮流，逐渐形成品牌影响力，以达到可持续发展的目的。

学习目标

知识目标

（1）了解店铺数据分析所包含的内容；

（2）熟知店铺数据分析各板块的数据；

（3）了解各店铺数据分析涉及的各专有名词的含义。

能力目标

（1）熟练掌握店铺数据分析各页面的基本操作路径；

（2）能够独立分析店铺各板块的数据；

（3）能够为店铺推广制订优化计划。

项目概述

基础建站完成后，我们对具体流量情况并不是很清楚，这时候需要思考店铺装修之后对总体效果影响如何？转化率是否达到行业平均水平？店铺流量有哪些主要来源？买家访问情况如何？又该做出怎么样的调整？这一系列问题涉及的知识及能力将在本项目得到系统的学习和训练。

项目分解

该项目将对“My Alibaba”“店铺”及“买家”板块进行全方位的讲解，包括店铺效果、访客行为、店铺访问详情及流量来源等方面的数据分析，让学生通过学习，能够独立分析店铺数据情况，并提出针对性优化建议。

任务一　店铺效果总览

登录“My Alibaba”—“数据管家”—“店铺分析”，可以看到“店铺效果”主要包含店铺访问人数、店铺访问次数、店铺询盘人数、店铺 TM 咨询人数、店铺询盘个数和店铺转化率六项内容。该板块在北京时间每月 3 号 09:00 前更新。该板块可以选择不同的时间段来查看我们需要的数据，而且可以选择不同的终端来查看具体的效果情况，让数据显示更加精确化，使分析比较不同终端效果、了解后期资源投放情况有一个参考依据，如图 5–1 所示。

图 5–1　店铺效果页面 1

图 5–2 所示的板块主要是了解我的效果、行业平均及同行优秀数据的对比情况，从而了解提升空间，结合自身情况，制定合理的目标。

以图 5–3 为例分析。综合全部终端类型来看，该店铺为开通时间不到一年的新店铺，就上个月整体数据效果相较于上上个月，除了店铺转化率数据，其他各项数据均呈下降趋势，查看单维度数据发现均高于行业平均值，但是离同行优秀数据还有很大差距，在此情况下，聚焦店铺转化率情况，可以看到目前店铺转化率仅有 2.55%，而行业平均转化率有 5.00%，同行优秀转化率有 6.00%（不同行业转化率有所不同，应结合实际情况来考量），差距较大。总体来讲，目前该网店各方面均需提升，无论是流量端口还是转化端口，那么就目前数据而言较为棘手的是店铺转化率的提升和优化。

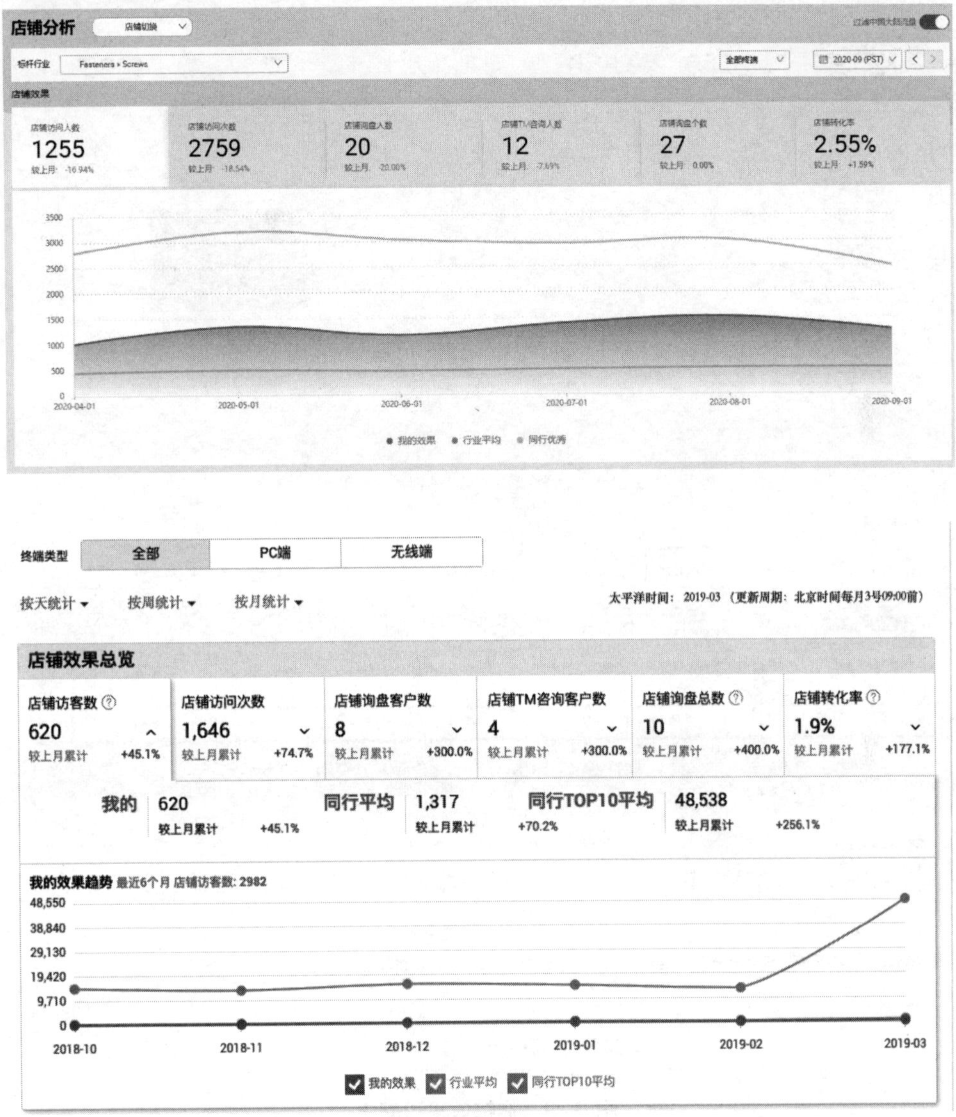

图 5-2　店铺效果页面 2

何为店铺转化率？店铺转化率 =（店铺 TM 咨询人数 + 店铺询盘人数）/ 店铺访问人数。从该公式可以看到，店铺转化率受店铺 TM 咨询人数、店铺询盘人数及店铺访问人数的影响，可以理解为当来店铺访问的访客均发起 TM 咨询或者询盘的人数越多时，店铺转化率就越高，转化率越高就越容易引起访客兴趣、刺激询价。

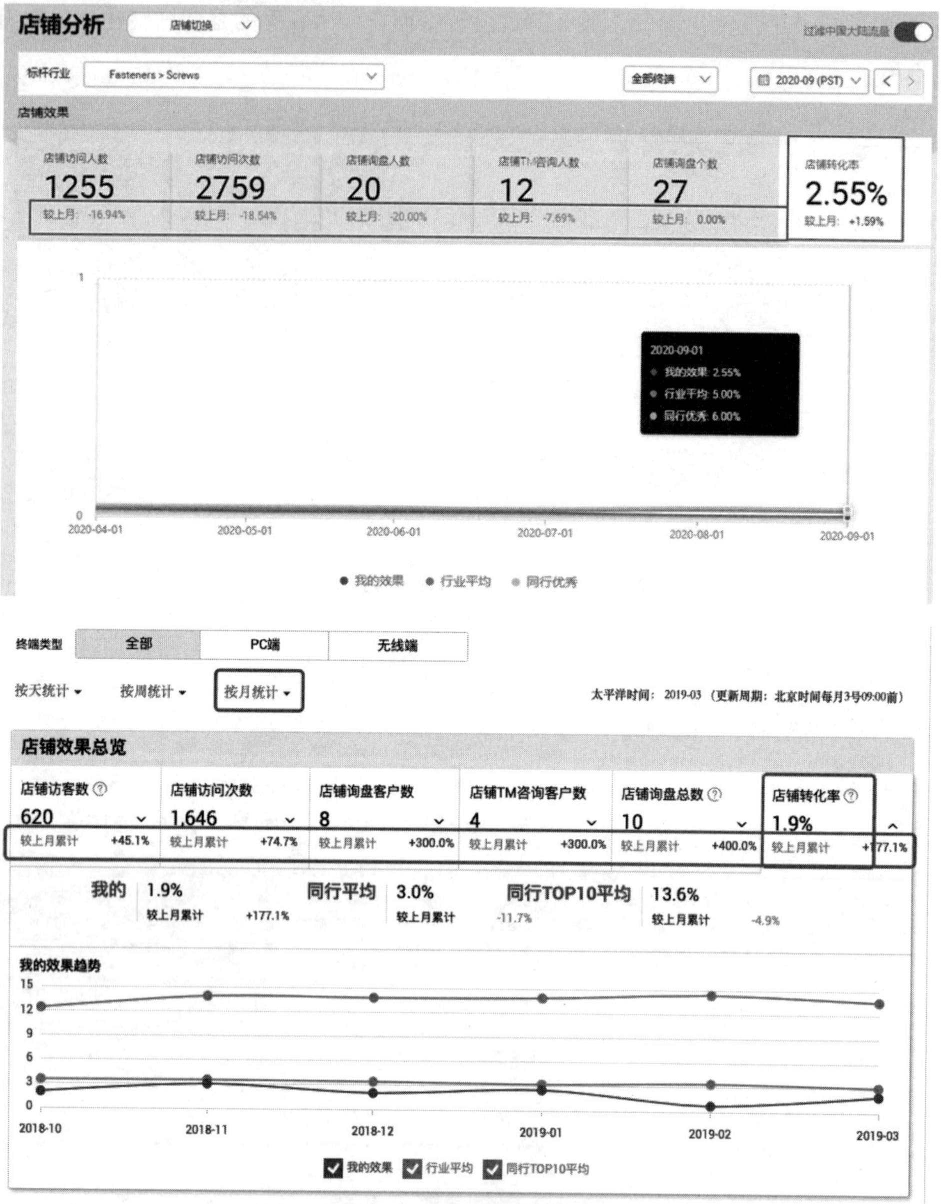

图 5-3　店铺效果页面 3

那么，如何利用倒推的形式举例收到询盘？需要有买家对产品发起反馈。那么，如何才能有反馈？需要买家先点击店铺中的产品或者访问店铺。那么，买家要如何才能点击到店铺中的产品或者访问店铺呢？必须先让买家看到产品或店铺。

综上所述，回归前几个项目讲到的电商思维：曝光、点击、反馈，影响曝光的因素、影响点击的因素、影响反馈的因素，前几个项目所提到是针对产品端口的，而本项目是面向整个店铺的，因此涉及各个板块。

案例解决方案：目前店铺各项数据均低于行业均值，意味整体店铺流量需要提升，转化端口也要做优化。从产品流量端口来进行优化，可以通过提升关键词排名，报名参加活动，让产品信息覆盖更多关键词。另外，还可以通过加强直通车和顶级展位推广，来提升产品的流量。

从店铺端口来考虑，需要在点击率高的产品下添加链接，链接跳转到店铺，增加店铺曝光。

从自我营销端口来考虑，在 RFQ 商机报价及询盘回复时可增加产品链接或店铺链接，引导买家深度访问店铺或产品，引导买家关注店铺，做好后端转化的基础。

此外，粉丝通可以利用平台定期做自我营销，可以做公司软实力输出或者新品、爆品发布，从而吸引买家，积累粉丝量。

当买家通过关键词搜索，搜索引擎呈现出结果后，便为店铺带来了流量。流量引入后如何吸引买家进入产品搜索列表页面、了解产品呢？图 5-4 中所涉及的信息，都有可能影响买家点击，产品搜索列表页面包含产品图片、排名、交易等级、标题、价格、公司年限、旺旺在线和及时回复率等信息，结合影响因素，卖家只需找出自己产品目前的薄弱项进行优化即可。

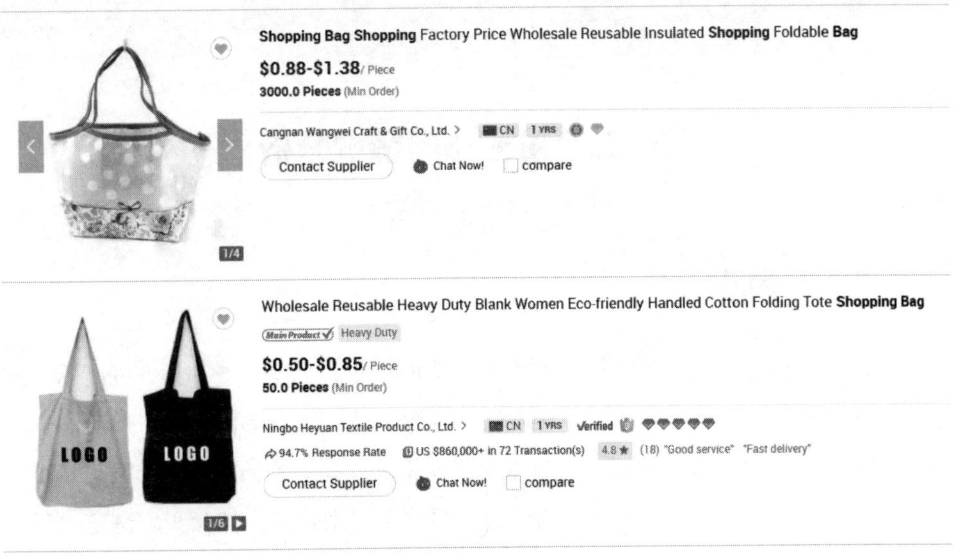

图 5-4　产品搜索列表页面

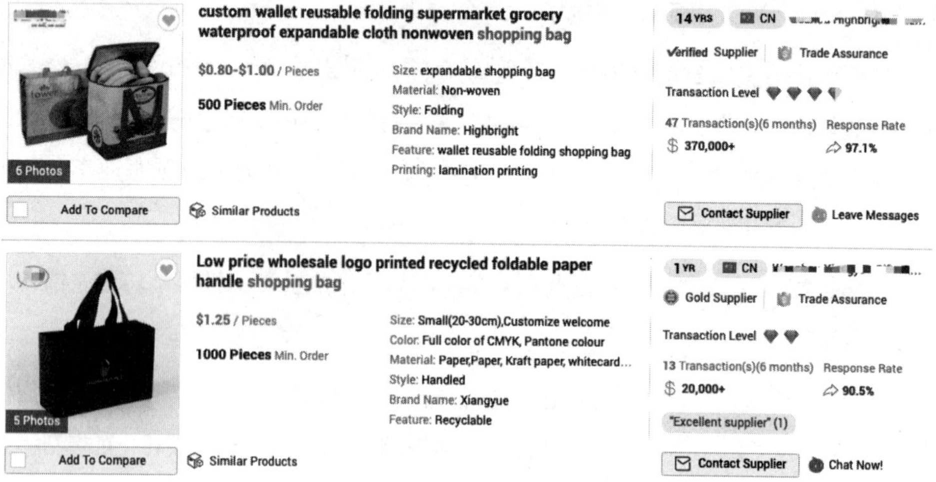

图 5-4　产品搜索列表页面（续）

在店铺端口页面，卖家可参考其他同行，设计符合当下买家喜好的旺铺页面，做好自身定位，定期更新店铺活动，保持活跃度。优化店铺端口页面可以从以下几个方面进行：提升页面排版的合理美观度；设计具有吸引力的首页大图，向买家传递有价值的信息；添加公司视频；对产品进行清晰分组，且每一个分组中的产品均要添加视频；突出展示新品或者买家喜好度高的产品；对公司证书进行展示；等等。

任务二　访客访问情况分析

一、访客行为分析

访客行为包含人均访问时长和人均访问页面个数，如图 5-5 和图 5-6 所示。该板块可以帮助我们了解店铺具体转化之间的情况，从图 5-5 和图 5-6 可以看到，店铺人均访问时长 2020 年 6 月之后一直低于行业平均，而人均访问页面个数均高于行业平均，但在近几个月有所下降，因此目前要将买家引进来，然而买家浏览之后，转化率却不及行业平均，究竟是哪个环节出问题了？这是我们要思考的问题，这类解决方案没有标准，因为需要结合首页优秀店铺的情况及行业趋势来分析，寻找差别点与亮点。该板块主要是在大体方向明确的情况下，借助更为精确的数据，来帮我们找出目前店铺数据中需要解决和优化的点。

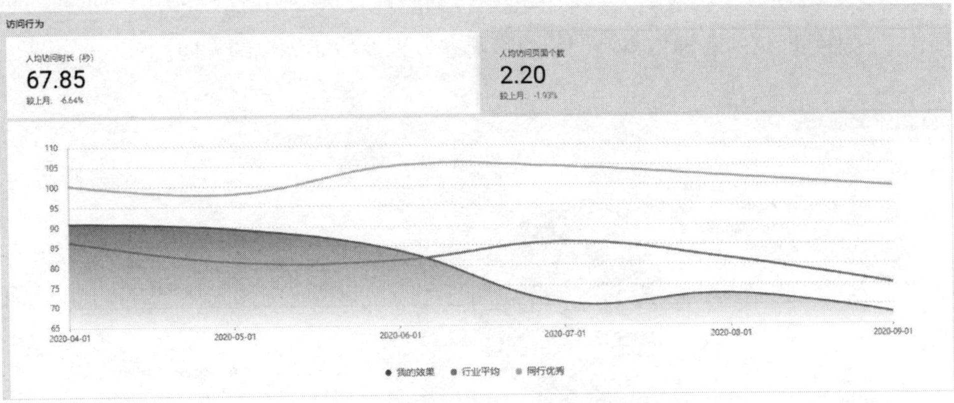

图 5-5 “访客行为”—“人均访问时长”

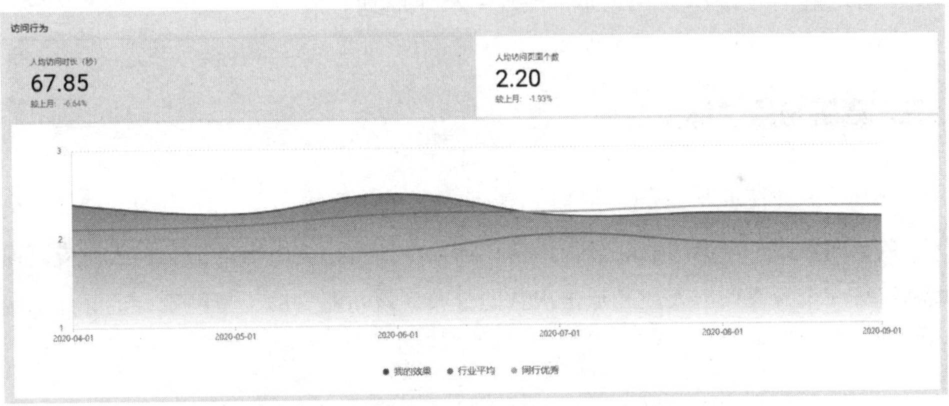

图 5-6 “访客行为”—“人均访问页面个数”

二、首次访问页面

首次访问页面主要是分析首次进入店铺的买家访问的第一个页面分布。一般来说，成立初期的店铺运营时间短，被访问的第一个页面很有可能是产品板块，即图 5-7 中的 Detail，Detail 指的是产品详情页面，因为店铺在成立初期没有老客户的情况下，主要做产品端口的引流，到后期店铺成熟稳定的情况下，也就是有了一定的数据积累后，产品详细情页面的访问量依旧较多。其次，Home 页面访问量也会逐渐增多。之后除了以上两个页面，该店铺页面访问量也会越来越多，前期先在产品引流入手方面积累，后期慢慢涉及整个店铺，这时各个页面都可能为店铺引流，当打造品牌趋势时，逐渐从卖产品走向扩大品牌影响力，买家从了解你的店铺首页开始，再进一步了解你的公司信息。该板块可以帮助店铺分析不同阶段首次访问页面的布局，以此来判断目前店铺做得好的板块有哪些，以及后续优化的方向。

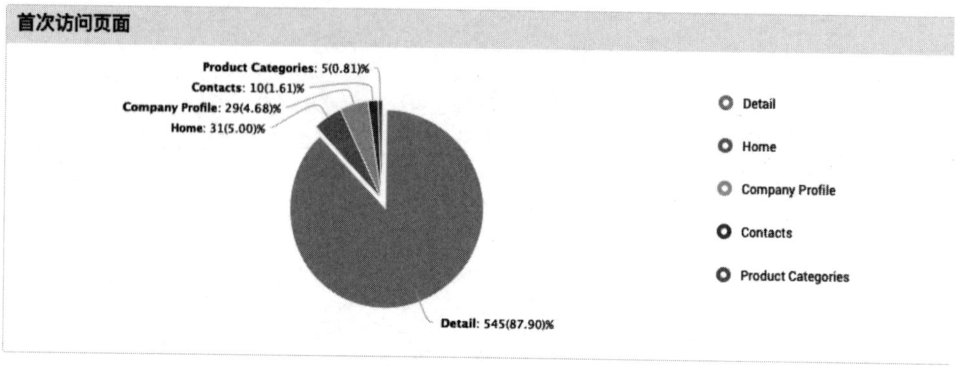

图 5-7 首次访问页面

三、店铺访问详情

店铺访问详情主要是分析店铺每个页面具体的访客数、人均访问时长、TM 咨询访客数、询盘数、点击次数及点击详情，如图 5-8 所示。点击详情又包含对应页面里具体每一个板块点击人数和点击次数的分布，该功能有助于帮助卖家更好地找到问题点，做出调整。

通过图 5-8 我们可以看出，该页面主要是旺铺里的分组，该店铺的转化率是目前比较严重的问题，那么继续结合该板块分析，可以得出的猜测是该板块吸引来的点击最多，但是转化端口并不理想，我们需要思考分组是否合理清晰，细分组内产品款式是不是最新的，产品款式是否符合买家喜好，是否包含视频，内页是否完善等，当然关于转化的其他几个页面端口也需要思考。

点击“点击查看详情”按钮。首先，我们可以看到该页面下具体的点击分布，目前可观察到主要点击产生在 PC 产品列表上，说明买家点击到产品列表之后就没有继续点击的行为。其次，我们可以看到无线端的点击非常少，说明无线端的引流还需要加强。

图 5-8　店铺访问详情

任务三　流量来源分析

通过商铺流量来源分析功能可以了解到店铺中的热门商品的浏览量从哪里来到哪里去，以及哪些商品参加了活动，投放了 P4P，带来了多少流量。这些数据都可以在流量来源分析中看到。

流量来源分析板块包含店铺流量的具体来源分布，可以帮助店铺挖掘新的引流渠道，对比不同引流渠道的效果使资源合理调配。

Weekly Deals 所示流量为 0，如图 5-9 所示。该页面为活动页面，说明目前店铺未参与该活动。那么，思考一下，活动页面是否可以为店铺带来新的流量？答案是肯定的，可以在条件允许的情况下参加活动以达到引流的目的。但如果参加了该板块，流量却依然很差，就需要考虑是哪方面的原因，是活动力度不够大，还是店铺及产品优势不够。活动页面需要考虑商家的实际利益，如果折扣力度不够大，在活动页面的排名就会很差，此时就需要结合商家的实际情况来调整。若在考虑了商家的实际情况后，依然无法满足活动的折扣力度要求，那么该舍弃时就舍弃，投入产出更好的板块。

流量来源

流量来源	店铺访问人数		店内询盘人数		店内TM咨询人数		店铺转化率		操作
首页	25	↑19.04%	0	0%	0	0%	0.0%	0%	趋势
搜索	423	↑43.38%	6	↑50%	3	↑50%	2.1%	↑4.92%	趋势
优商专区	0	0%	0	0%	0	0%	0.0%	0%	趋势
直接访问	99	↑59.67%	2	-	0	0%	2.0%	-	趋势
粉丝通	4	↑100%	0	0%	0	0%	0.0%	0%	趋势
Weekly Deals	0	0%	0	0%	0	0%	0.0%	0%	趋势
其他	289	↑36.32%	1	↓66.66%	3	0%	1.4%	↓51.23%	趋势

图 5-9　流量来源

由图 5-10 可以看出，该板块右侧的趋势可以点击查看对应流量来源页面下店铺访问人数、店内询盘人数、店内 TM 咨询人数及店铺转化率近 6 个月的趋势变化，定期收集该数据，将数据样本基数放大，可以去预测不同时间段、不同页面的流量分布情况，还可以提前做出应对准备，把握即时流量。

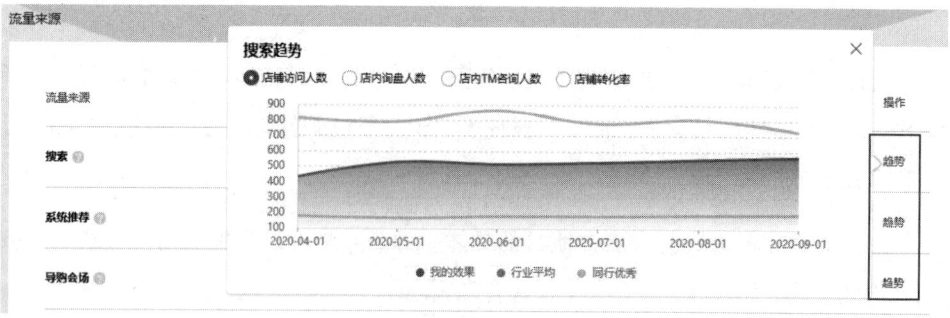

图 5-10　“流量来源”—“搜索趋势”

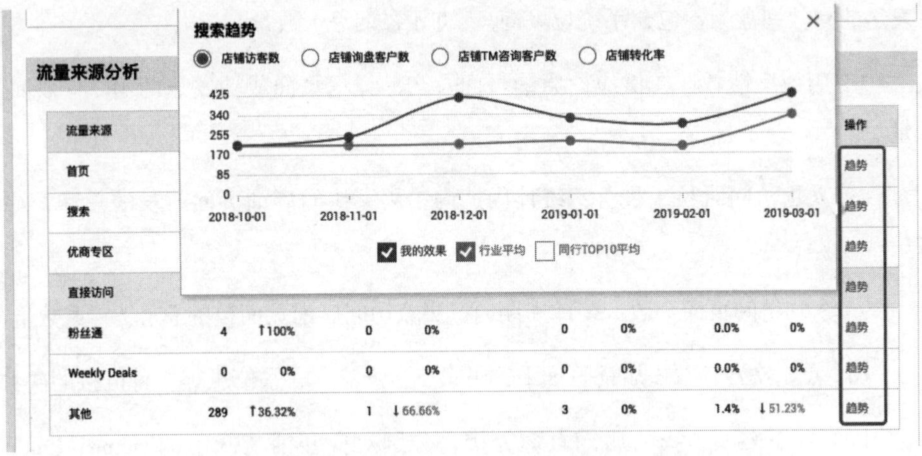

图 5-10 “流量来源”—“搜索趋势”（续）

项目小结

本项目全面地了解了店铺分析过程中的重要数据资源，并以此分析目前店铺的问题点及优势点，有助于后期制定更加精准的推广方案。在学习过程中，学生既可以积极思考每个数据指标所代表的含义，以及不同数据分析结果下店铺该做出什么样的应对措施，又可以更加深刻地了解到数据分析的魅力，帮助学生在掌握运营推广的基础上培养全局观思维，更好更长远地去规划店铺。

名词解释

（1）店铺访问人数：访问供应商全球旺铺页面及产品详情页面的用户均被记为访客，当日去重，隔日不去重。

（2）店铺访问次数：访问供应商全球旺铺页面及产品详情页面的页面总数。

（3）店铺转化率：（店铺 TM 咨询人数 + 店铺询盘人数）/ 店铺访问人数。

（4）询盘人数：在供应商店铺页面，对卖家成功发起有效询盘的买家数量。

（5）店铺 TM 咨询人数：在供应商店铺页面，通过 TradeManager 与卖家联系的买家数量。

（6）店铺询盘个数：卖家收到的询盘人数，买家针对卖家的产品信息和公司信息发送的有效询盘（不包含系统垃圾询盘、TM 咨询等）数量。

（7）店铺反馈数：在供应商店铺页面及产品详情页面成功发送的 MC 有效询盘数量。

（8）人均访问时长（秒）：统计周期内，买家访问店铺页面时长的总和 / 买家数量。

（9）人均访问页面个数：统计周期内，买家访问店铺页面数的总和 / 买家数量。

（10）点击次数：在该店铺页面下，买家点击产品、联系信息等各种链接的次数。

（11）页面类型：我的店铺页面分类，分别对应旺铺装修中的 Home、Product Categories、Company Profile、Contacts、Custome Page 页面。其中，Detail 页面包含我的店铺中的产品详情页面和买家在阿里巴巴网站搜索后点击产品打开的产品详情页面。

项目六

PC 端数据分析

数据分析是国际站的数据类产品，具象化地呈现了企业在国际站上操作及推广效果的数据。它通过多维度的数据统计分析及诊断，让企业不仅能了解自身的推广状况，有针对性地进行效果优化，还能使企业洞察买家行为和行业趋势，从而进一步把握商机，提升企业的整体推广效果。

学习目标

知识目标

（1）了解数据分析的定义；

（2）了解商家星等级及影响因素；

（3）了解店铺板块的相关数据名词；

（4）了解访客行为；

（5）了解行业视角及热门搜索词。

能力目标

（1）能够掌握商家星等级的影响因素；

（2）能够读懂店铺板块的相关数据；

（3）能够解析访客详情并进行营销；

（4）能够读懂行业视角数据及提炼热门搜索词。

项目概述

目前，国际站平台的流量分为PC端流量和无线端流量。对PC端数据的分析，能够更系统地进行全网站的数据化分析，从而具备店铺数据分析能力。那么，店铺综合数据表现如何分析？店铺板块功能及数据分析的主要内容是什么？买家板块功能及数据分析的主要内容是什么？市场板块功能及数据分析的主要内容是什么？关于PC端流量如何查看等这一系列平台知识和操作要点，都将在本项目得到系统的学习和训练。

项目分解

该项目将对PC端数据分析进行全方位的讲解，包括店铺综合数据表现分析，以及店铺、买家、市场等板块的功能及数据分析，让学生通过学习，能够独立分析 PC 端数据情况，并提出针对性优化建议。

任务一　店铺综合数据表现

数据分析是国际站详尽全面的数据分析板块，供应商通过数据分析能够诊断当前店铺的问题，包括转化、产品和流量问题，随时掌握店铺的运营情况。进行数据分析的步骤具体如下。

第一步：登录阿里账号，点击进入 My Alibaba，如图 6–1、图 6–2 所示。

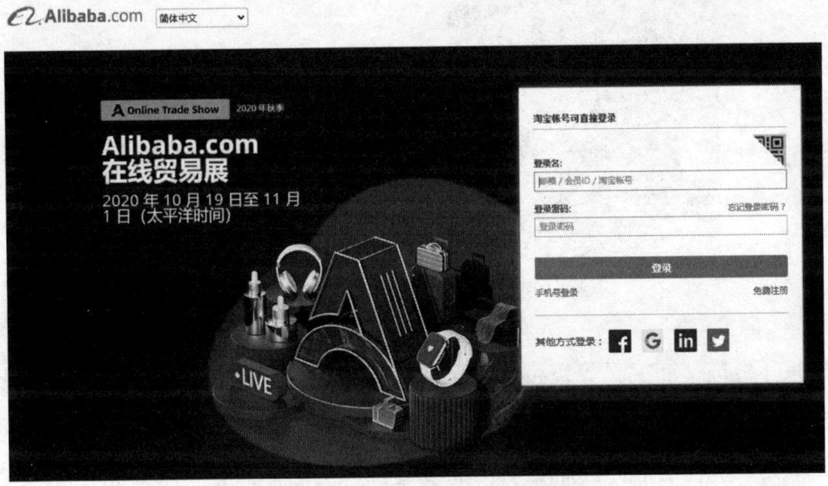

图 6–1　输入登录名和登录密码

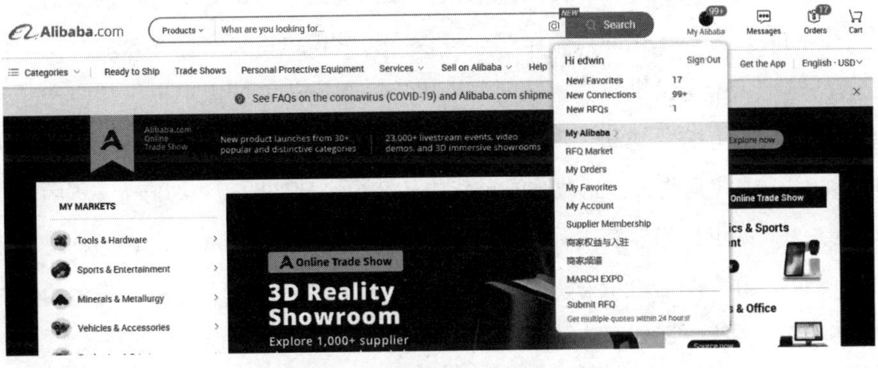

图 6–2　点击进入 My Alibaba

第二步：在 My Alibaba 左侧导航栏，找到“数据分析”，点击进入，如图 6–3 所示。

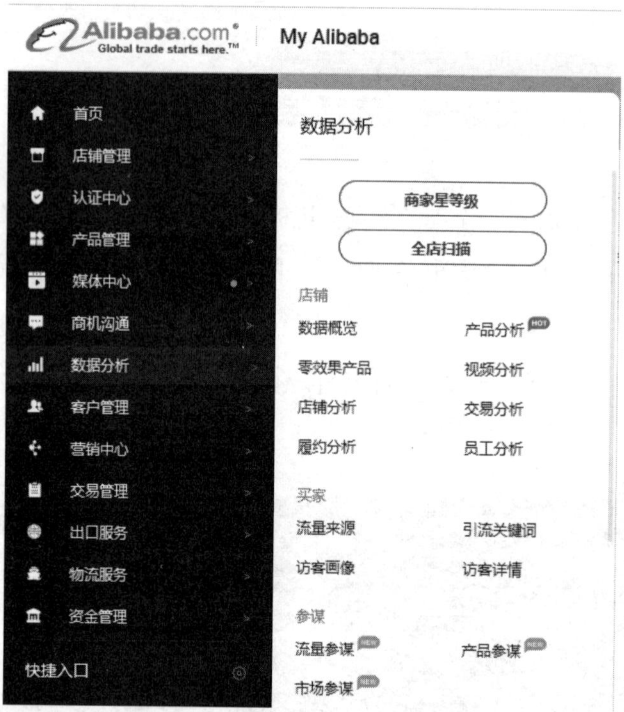

图 6–3　My Alibaba 左侧导航栏

数据分析包含商家星等级板块、全店扫描板块、店铺板块、买家板块、参谋板块、市场板块、营销板块和学堂板块。商家星等级板块通过四个综合维度，具象化地向海外买家呈现供应商的服务、沟通及履约能力。全店扫描板块帮助卖家清晰店铺的风险与成长，成长是指店铺在营销、商家力、交易力、保障力等方面的指标。店铺板块是平台根据供应商一段时期内的操作情况及取得的效果，以数据的方式展现出来，同时对需要优化的点给予相应建议。买家板块将买家在平台端及供应商旺铺端的浏览记录推送给供应商，从而帮助供应商根据买家的需求提供相应产品及合理报价，进行线上的营销和管理。参谋板块为原数据管家行业版的升级版，成为参谋客户的主要方式是购买金品诚企或者直接从客户经理处购买 19800 元 / 年的参谋。市场板块的数据更具指导意义和参考意义，它是从全球的视角对相应行业及行业下的二级类目，基于平台端的热度进行对比和整理的，供应商可参考行业视角的数据，在平台端做出更符合海外买家体感的调整。营销板块是供应商可以查看自己做的直通车效果、橱窗效果、粉丝通效果的相应数据。学堂板块包含数据学堂、数据字典、常见问题，帮助解答数据分析使用中的问题。

数据分析因为数据的来源选择时间不同，所以各个板块的更新频率也有所不同。总规则：“天数据”每天上午更新；“周数据”每周二更新；“月数据”每月 3 日更新。

一、商家星等级

商家星等级是根据商家力、营销力、交易力和保障力四大能力项来综合评估国际站商家服务买家能力和意愿的分层体系，共包括一星、二星、三星、四星、五星五个等级，主要通过推动商家能力提升，帮助商家成长，获得更多商机，如图 6-4 所示。

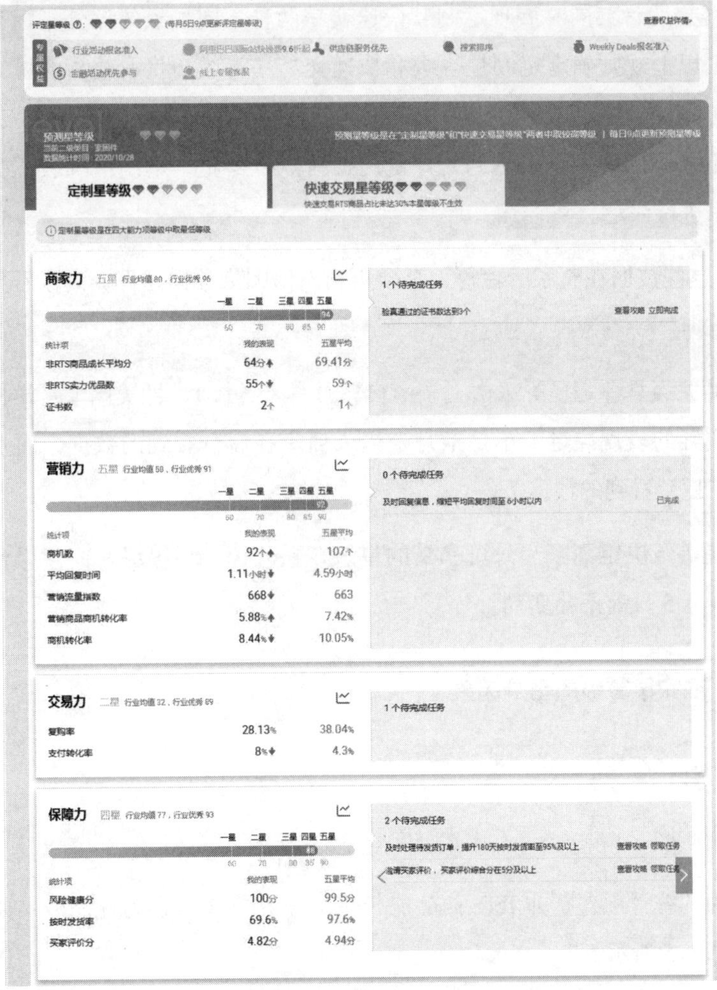

图 6-4 商家星等级

（一）商家星等级 4.0 版的评定规则

（1）商家的（定制、快速交易）星等级由商家四大能力项的表现所决定，每个能力项满分 100 分，四大能力项均需符合一定的标准才能晋级为星级商家。

一星到五星的四大能力项分数要求分别是 60 分、70 分、80 分、85 分、90 分。

（2）四大能力项的分数由其项下多个指标共同影响，根据各指标项权重综合计算对应能力项的分数。各子项指标值越高，对应能力项分数就越高。

若能力项内有基础服务指标，当基础服务指标未达到对应星级的要求时，能力项的分数会停留在向下一个星级的临界值。例如，平均回复时间未达到 24 小时，营销力显示 59 分；平均回复时间未达到 20 小时，营销力显示 69 分，照此类推。

（3）客户后台会同时展现定制、快速交易两种不同场景的评分指标和商家表现数据，依据以上规则确定定制星等级和快速交易星等级。将取较高的星等级作为商家最终的（预测、评定）星等级。快速交易星等级只有在商家店铺 RTS 品占比达到 30% 及以上才开启评定，未达到此评定门槛时默认零星，定制星等级不受此影响，对全量商家进行评定。

（注：这些数据在商家后台每天都会更新，但因为数据延迟，商家看到的是两天前的表现数据。）

（4）商家当月评定星等级由上一个自然月月末（PST，即美国太平洋标准时间）当天商家实际的表现决定（不是指月末当天商家在后台看到的数据，而是指月末两天后商家在后台看到的数据）。

评定星等级决定商家当月可享受的星级权益。评定星等级在商家后台每月 5 日更新，到次月 5 日前不会变动。

（二）商家星等级的影响因素

1. 商家力

（1）影响因素。

商家力的统计项包括非 RTS 商品成长平均分、非 RTS 实力优品数、证书数三个维度，如图 6-5 所示。

非 RTS 商品成长平均分指的是当前店铺内所有非 RTS 商品的商品成长分的平均

值。“商品成长分”是网站通过对商品的行业特征、内容表达、效果转化、商品服务四个维度下的多项数据指标进行综合评定后的量化分值。

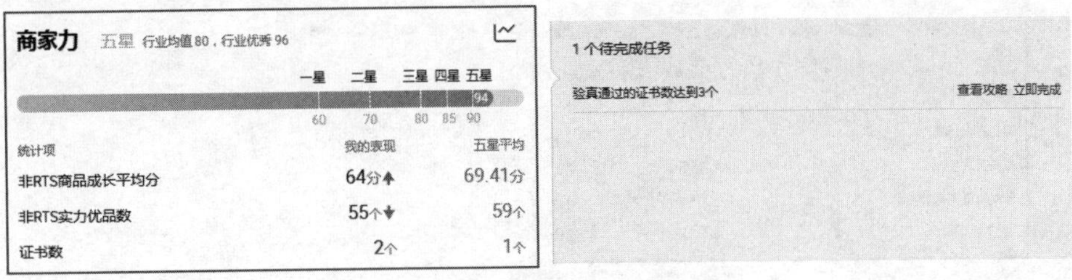

图6–5 商家力的统计项

非RTS实力优品数指的是当前店铺所有非RTS商品中实力优品的数量。“实力优品”指的是商品成长分≥80分且非重复铺货的商品。

证书数指的是已上传并验证通过的证书数量。算分的证书类型包括企业体系类认证证书（如ISO系列）、产品认证证书（CE、UL证书等）、商标证书（自有商标）及专利证书。

（2）商家力优化。

商家力得分过低，会对旺铺及产品的排名产生影响，同时也会给海外买家带来不良体验。所以，系统通常会根据得分情况给出相应的优化建议，同时推送相应的教程视频，如图6–6所示。

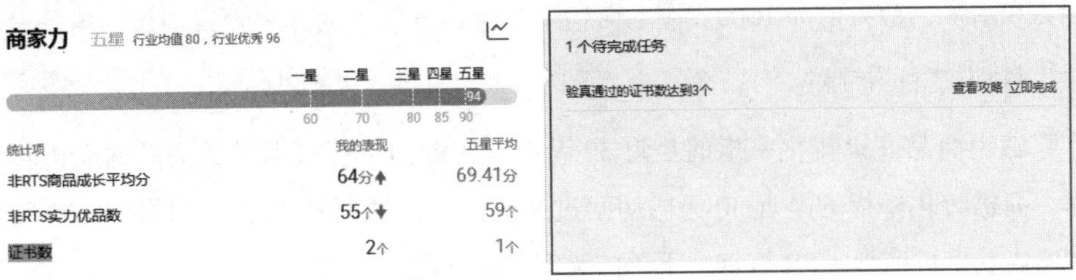

图6–6 商家力优化

2. 营销力

（1）影响因素。

营销力的统计项包括商机数、平均回复时间、营销流量指数、营销商品商机转化率、商机转化率五个维度，如图 6–7 所示。

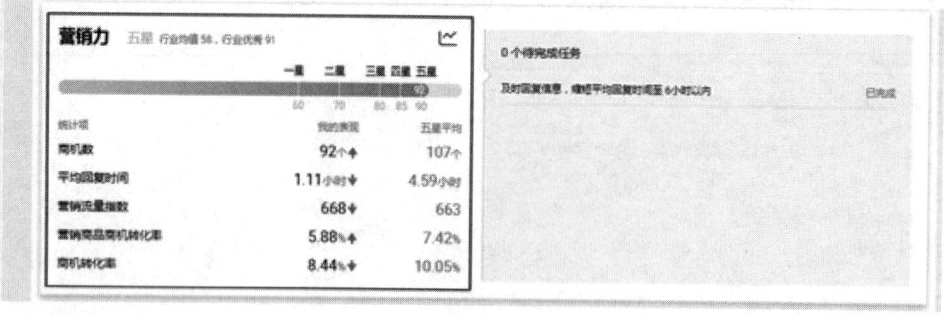

图 6–7 营销力的统计项

商机数指的是最近 30 天针对产品信息和企业信息发送的有效询盘数和 RFQ 的报价量。询盘是海外买家根据商品图片及详情描述，结合自己的需求给供应商发布的采购信息，这是供应商被动接受的行为；RFQ 则是海外买家在公共平台发布采购需求，供应商主动通过关键词搜索并推荐相应商品及报价给海外买家的，这是供应商主动出击的行为。

平均回复时间指的是最近 14 天之后 7 天内买家发来的所有有效询盘的平均回复时间。平均回复时间是衡量沟通服务质量好坏的一个重要指标，是海外买家点击产品并发送询盘的重要参考依据之一。毕竟及时有效的沟通才是影响电商成交的关键因素。

营销流量指数指的是该指数反映近 30 天内通过主动营销工具获得的买家流量的能力和水平，最大值为 1000。主动营销工具包括外贸直通车、顶级展位、粉丝通、客户通 EDM 营销等。

营销商品商机转化率指的是近 30 天内本店铺内进行过营销的商品的商机转化率。商机转化率指的是近 30 天内访问过这些商品详情页的买家中，同时近 30 天内在本店发生过询盘、TM 咨询、下单的买家数的占比。

商机转化率指的是最近 30 天内店铺访客中，在近 30 天内从访问店铺的买家转化成商机买家的比例，即最近 30 天内访问店铺且有商机行为的买家数 / 最近 30 天内访问店铺的买家数。商机买家指的是对店铺产生过商机行为的买家，商机行为包括对店铺发过 TM 咨询、询盘、发起订单。

（2）营销力优化。

营销力优化通常需要供应商有更加积极的主观能动性，更主动地捕捉商机，同时也更积极地处理好这些商机，如图 6-8 所示。

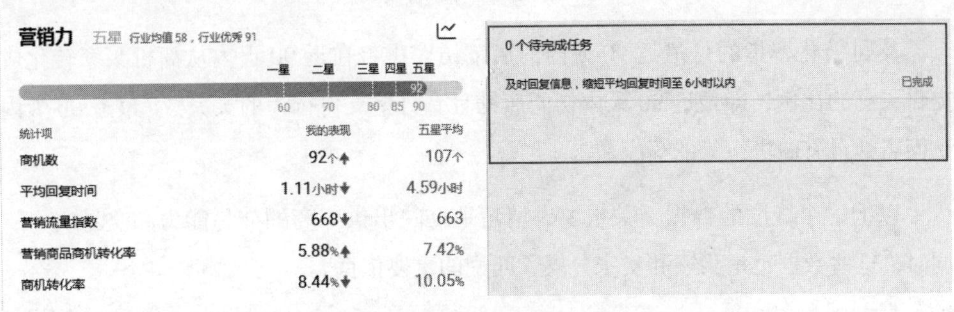

图 6-8 营销力优化

例如，每天坚持登录国际站，通过关键词搜索，主动获取海外买家的采购需求，并及时根据海外买家的采购需求提供报价或推送相关产品并提供报价。在平台发布产品，保证产品主图清晰、构图简洁且突出产品特质，同时所发布产品的图片与产品名称、所设定的关键词要保持一致，这也是提高点击率的重要保障。快速高效地回复询盘，尤其对于新询盘，在阿里巴巴后台进行第一次在线回复的及时性，是提高平均回复时间统计项份数的关键。

3. 交易力

（1）影响因素。

交易力的统计项包括在线交易额、复购率和支付转化率三个维度，如图 6-9 所示。

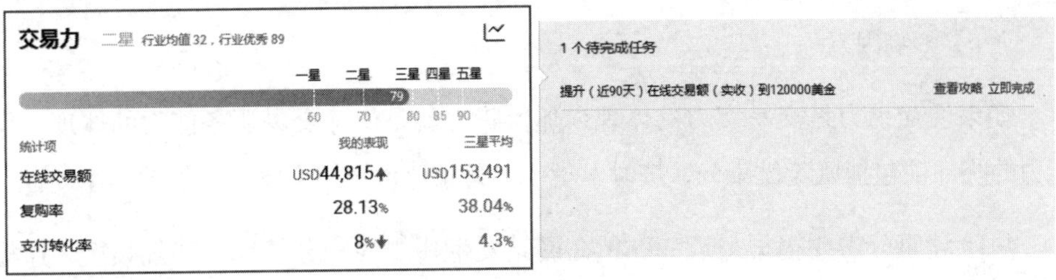

图 6-9 交易力的统计项

在线交易额指的是最近 90 天内店铺实际挂账到当前未取消的在线交易订单（含

信用保障交易额和 e 收汇）的实际到款金额，需要去除虚假交易订单。

复购率指的是最近 90 天内店铺在线交易买家中，有两笔及两笔以上在线订单的买家比例，即最近 90 天内在店铺产生过两笔及两笔以上在线订单的交易买家数 / 最近 90 天内在店铺产生过在线订单的所有交易买家数。

支付转化率指的是最近 90 天内的店铺访客中，在近 90 天内从商机买家转化成支付买家的比例，即最近 90 天内访问店铺且有订单支付行为的买家数 / 最近 90 天内访问店铺且有商机行为的买家数。

以上三个维度的数据至关重要，清楚地反映出供应商的交易能力和交易实力。同时，这些数据也是买家和卖家分层、匹配的重要依据。

（2）交易力优化。

交易力优化顾名思义就是供应商转化订单的能力，如图 6–10 所示。交易力优化的核心因素在于提升近 90 天的在线交易额。提升复购率和支付转化率都是提升在线交易额的有效方法。

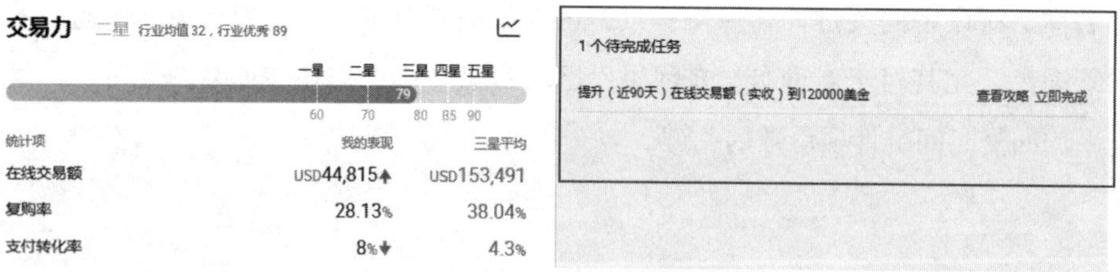

图 6–10　交易力优化

4．保障力

（1）影响因素。

如果说交易力是交易实力的体现，那保障力就是保障交易服务能力的体现，保障力的统计项包括风险健康分、按时发货率、买家评价分三个维度，如图 6–11 所示。

风险健康分需要根据最近 365 天在网站发生违规的扣分情况、违规频次、违规程度来综合打分，违规来源包括虚假交易、知识产权、禁限售、贸易纠纷、图片盗用、滥发信息等。

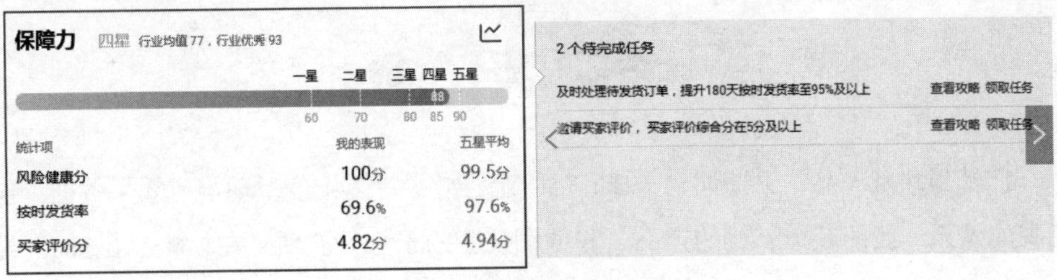

图 6-11　保障力的统计项

按时发货率指的是近180天内完成首次挂账且按时发货的订单数/（近180天内完成首次挂账的订单数－近180天内完成首次挂账但未到约定发货时间的订单数），所有订单状态必须是未取消或未提起拒付的。

买家评价分指的是通过买家在交易完成后，对供应商的产品质量、卖家服务、按时发货三个维度的近365天的打分的平均得分。

以上三个维度的数据统计，很好地解决了海外买家在交易过程后期的顾虑。通过显性化的数据和可追踪的进程把控交易环节的最后一段流程，同时海外买家也通过参与对供应商的评价，而更加真实且客观地反映了供应商的服务能力和水平。

（2）保障力优化。

保障力的优化并没有什么诀窍，供应商在日常运营中应尽可能做到：将信保订单通过一达通或菜鸟物流走货并使数据沉淀在线上；及时关注订单发货日期并按时发货；已经完成的订单，邀请买家做出评价；如果订单交付过程中遇到问题，尽可能通过与买家友好协商的方式解决，也可根据系统提示的优化建议进行优化。保障力优化如图6–12所示。

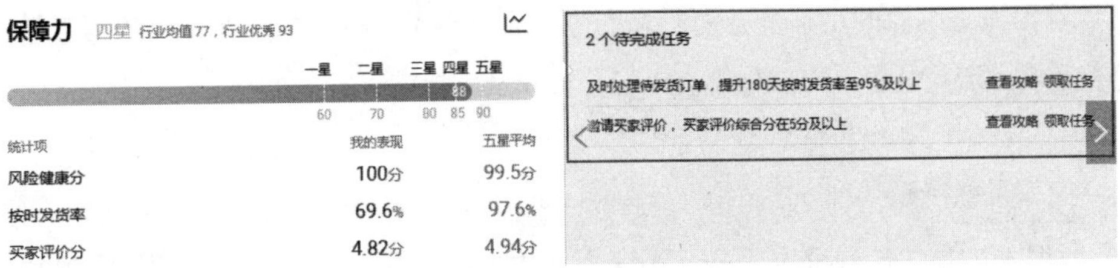

图 6-12　保障力优化

任务二 店　铺

店铺板块从产品、关键词、全球旺铺、综合效果等多维度呈现推广效果数据，包括我的效果、我的旺铺、我的产品、我的词及我的子账号五项。在“My Alibaba”导航栏找到“数据分析”，移动鼠标到该位置，即可看到“店铺”板块，如图 6-13 所示。

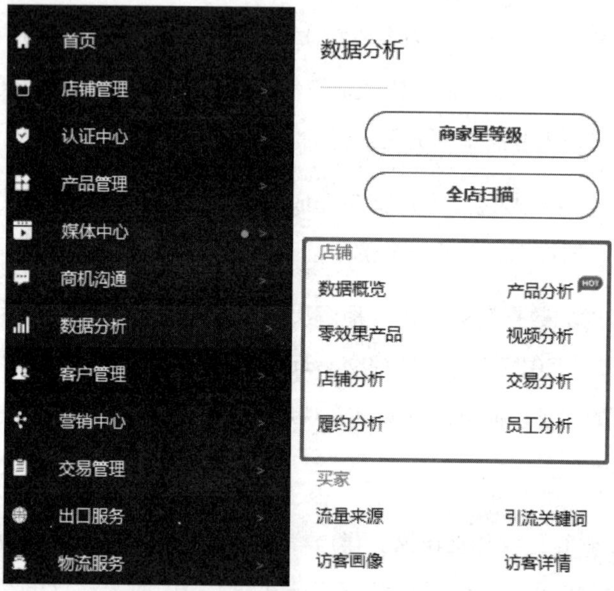

图 6-13 “数据分析”—“店铺”

一、数据概览

数据概览统计的是整个店铺所有账号曝光、点击、反馈的情况，由数据看板、经营数据、流量分析、产品分析、市场分析和全店扫描组成。

（一）数据看板

数据看板是统计包含主账号、子账号在内所有账号的店铺访问人数、店铺访问次数、店铺转化率、询盘个数及 TM 咨询人数的实时和昨日数据展示，如图 6-14 所示。

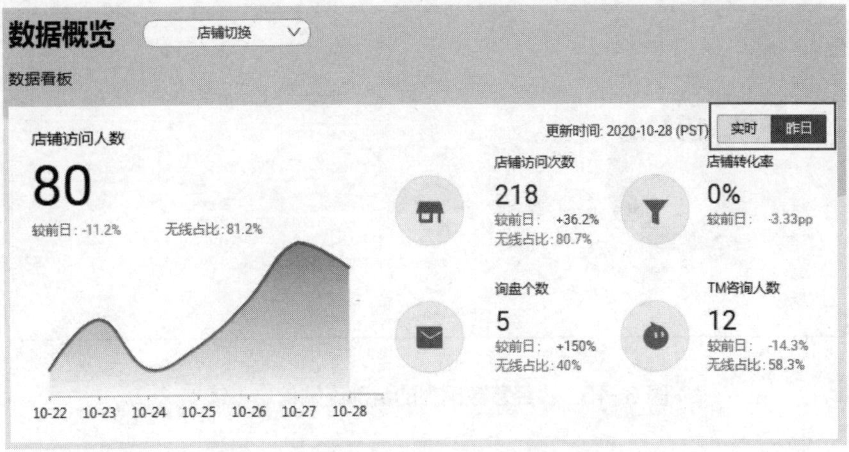

图 6-14 “数据概览”—“数据看板”

（二）经营数据

经营数据包含店铺访问人数、店铺访问次数、搜索曝光次数、搜索点击次数、询盘人数、询盘个数、TM 咨询人数、信保交易订单个数、信保交易金额（美元）指标的数据和数据趋势变化可视化展示，店铺访问人数、店铺访问次数、搜索曝光次数、搜索点击次数、询盘人数、询盘个数还会展示国家及地区分析的数据。通过数据的对比，供应商可一目了然地知道数据来源区域或国家及地区的数量、占比情况。根据用户终端类型的不同，可以分别查看全部终端、PC 端和无线端的数据，也可根据时间的不同，设定按天、按周或按月查看。“经营数据”会提供图 6-15 所示的全部终端信息。

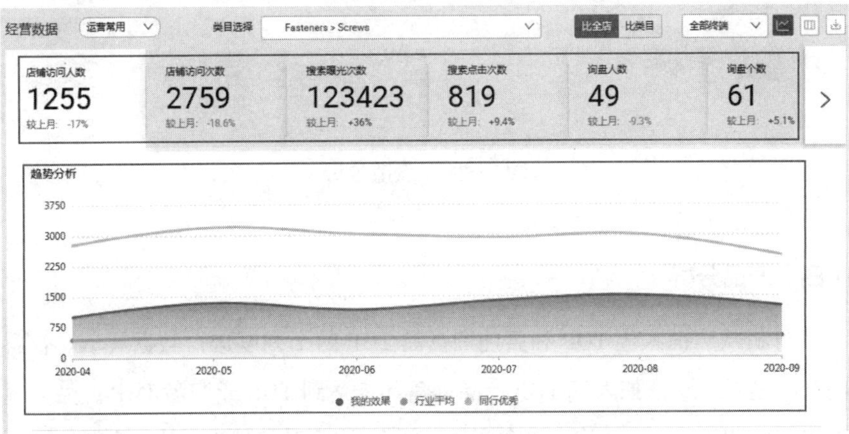

图 6-15 “经营数据”的全部终端信息

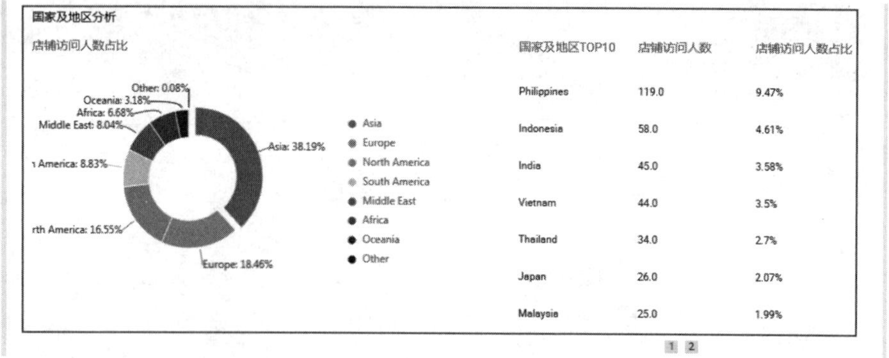

图 6–15 “经营数据”的全部终端信息（续）

（三）流量分析

流量分析从流量来源 TOP 维度进行数据展示，通过分析流量占比来选择最适合自己的推广渠道。点击右上角的“更多流量分析”，可以详细了解店铺的流量来源渠道，如图 6–16 所示。

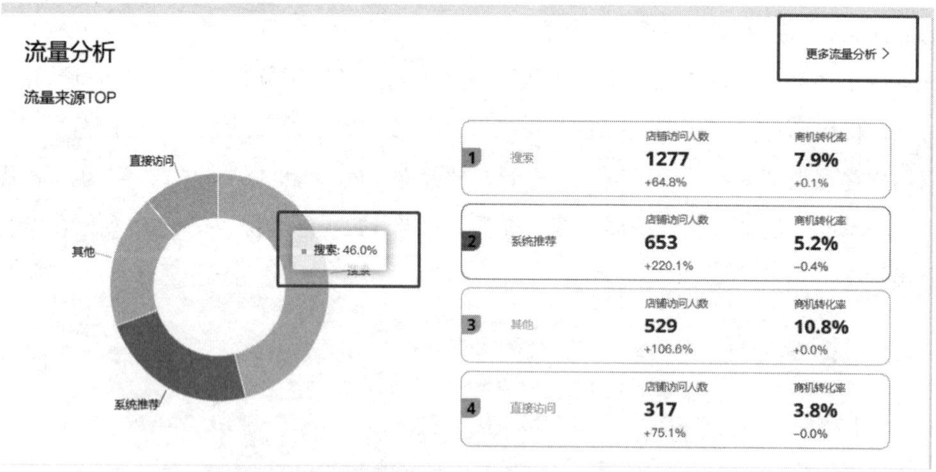

图 6–16 流量分析

（四）产品分析

产品分析从店铺人气 TOP 和店铺询盘品 TOP 两个维度进行数据展示。查看两个维度的产品是否一致，如人气 TOP 产品询盘却未达到 TOP 或询盘 TOP 产品人气却未达到 TOP 就可以点击右上角的“更多产品分析”，从而对产品进行详细分析，如图 6–17 所示。

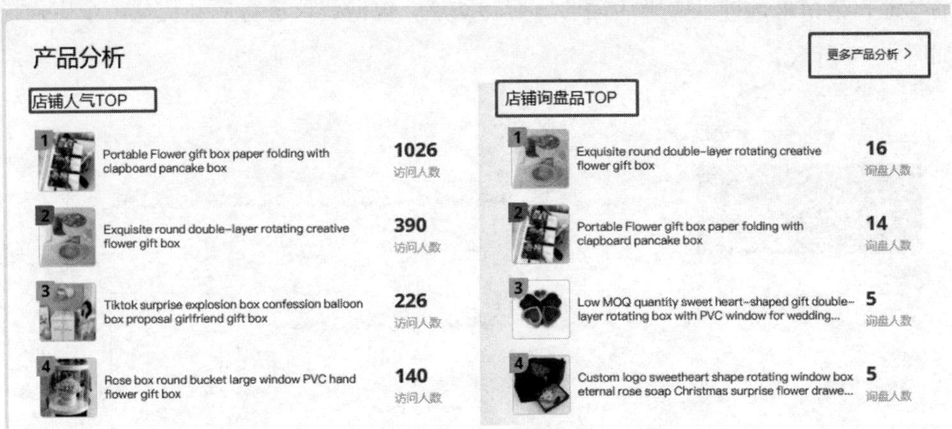

图 6-17　产品分析

（五）市场分析

市场分析从进店买家国家及地区 TOP4 和进店搜索关键词 TOP4 两个维度进行数据展示，可以了解到当前店铺的主要市场与客户需求。点击右上角的“更多买家分析”，进行访客画像，如图 6-18 所示。

市场分析　　更多买家分析 >

进店买家国家及地区TOP4

排名	国家及地区	买家数量
1	美国	297
2	沙特阿拉伯	87
3	英国	81
4	巴西	42

进店搜索关键词TOP4

排名	关键词	引流买家数量
1	flower box	20
2	paper boxes	14
3	gift box	12
4	cake box	6

图 6-18　市场分析

（六）全店扫描

动态店铺评分可以明确店铺的薄弱环节，了解在同行同星级的排名，以及店铺是否良性发展等。全店扫描从风险及成长两个维度进行扫描，根据扫描结果，可以查看建议，从而巩固店铺优势、补足店铺短板、冲入星级等。

卖家在该页面还可以看到当前值、标杆值、说明、行动点。点击查看页面下方的全部扫描结果，可以明确店铺的所有行动点，根据建议进行店铺优化。全店扫描如图 6-19 所示。

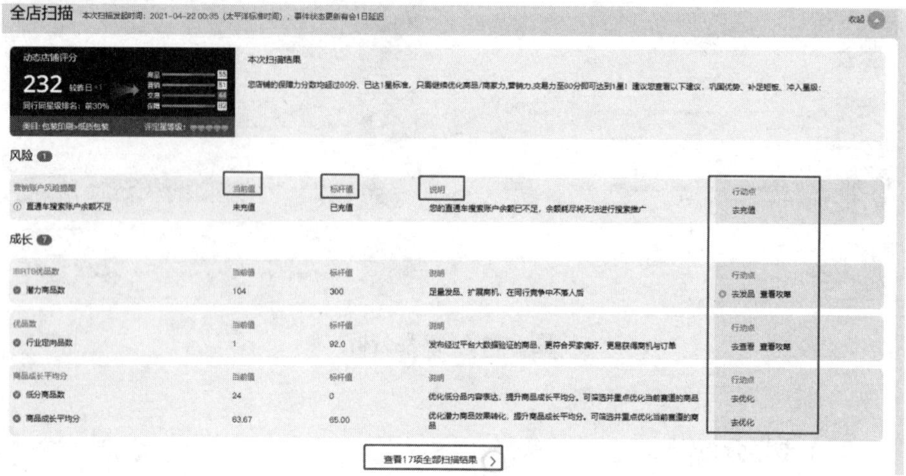

图 6-19　全店扫描

二、店铺分析

供应商在“My Alibaba”导航栏中找到“数据分析”，鼠标移动弹窗菜单，点击“店铺分析”即可进入。

店铺分析由店铺效果、访问行为、店铺访问详情组成。

（一）店铺效果

店铺效果由店铺访问人数、店铺访问次数、店铺询盘人数、店铺 TM 咨询人数、店铺询盘个数和店铺转化率六项数据组成，如图 6-20 所示。

店铺分析的数据根据使用终端的不同，可以分为 PC 端数据和无线端数据，分别记录来自两个端口的访客及询盘。每一项数据又同时将店铺数据与行业平均数据、同行优秀数据做了对比，企业在行业中的状态也显性化地呈现了出来。

店铺分析数据还可以根据时间周期，按天、按周、按月分别进行查看。按天查看时，数据更新时间为第二天上午 9 点，即第二天上午 9 点之后查看前一天的数据；按周查看时，数据更新时间为周二上午 9 点，即第二周的周二上午 9 点之后查看上一周的数据；按月查看更新时间为每月 3 日上午 9 点。所有按天、按周、按月统计的数据更新时间皆可参考此规则。

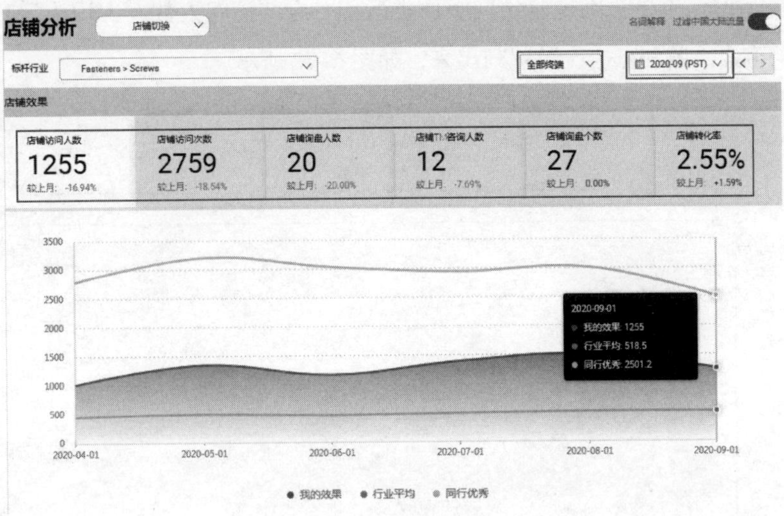

图 6-20 “店铺效果”总览

（二）访问行为

访问行为的数据通过人均访问时长（秒）和人均访问页面个数来体现，如图 6-21 所示。

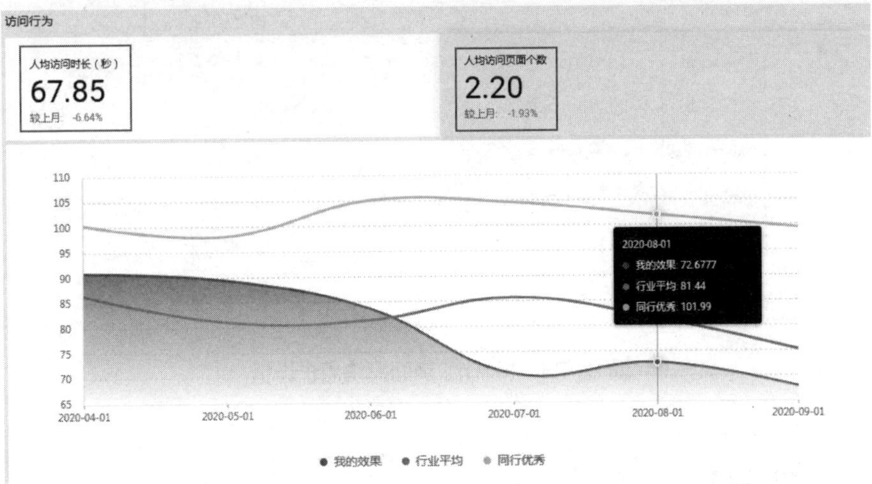

图 6-21 “访客行为”的数据

很显然，访问时长和访问页面个数反映了海外买家对旺铺和产品页面的喜好程度。

（三）店铺访问详情

店铺访问详情更详细地将访问页面类型所对应的访问人数、人均访问时长及由此带来的询盘个数和点击次数罗列出来，如图 6–22 所示。

店铺访问详情

页面类型	访问人数	人均访问时长(秒)	TM咨询人数	询盘个数	点击次数	点击详情
Home	44	35.8	0	0	30	点击查看详情
Product Categories	30	156.0	0	0	148	点击查看详情
Company Profile	25	21.2	0	1	12	点击查看详情
Contacts	12	177.6	0	0	1	点击查看详情
Product Detail	1208	63.1	12	26	0	点击查看详情

图 6–22 “店铺访问详情”总览

选择“点击查看详情”，可以查看相应页面类型所包含页面板块带来的点击人数和点击次数。Home 页面模块点击详情如图 6–23 所示。

Home页面模块点击详情

模块名称	模块类型	点击人数	点击次数
店招	店招	21	25
自定义内容区	自定义内容区	2	4
产品推荐–平铺	产品推荐–平铺	1	1
公司介绍	公司介绍	0	0
橱窗产品	橱窗产品	0	0

< 1 2 >

图 6–23 Home 页面模块点击详情

三、产品分析

产品分析由产品概览、数据荐品、产品详细分析组成。可以按照数据需求选择日、周、月的时间维度。

（一）产品概览

产品概览将店铺的产品总数、有访问产品数、有询盘产品数和有订单产品数的数据用直观的图表进行展示，如图 6–24 所示。

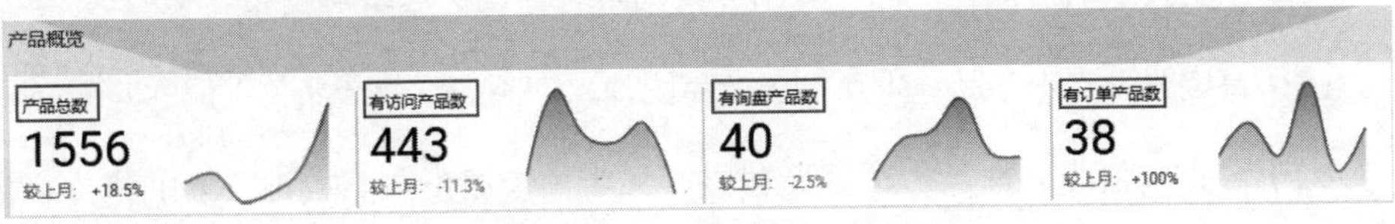

图 6–24　“产品概览”总览

（二）数据荐品

数据荐品从三大场景（需提升搜索曝光的产品、需提升点击转化的产品、需提升商机转化的产品）为商家直观展示并提醒本店该优化的产品，并提供了行业流行趋势品补充的产品参考库，如图 6–25 所示。

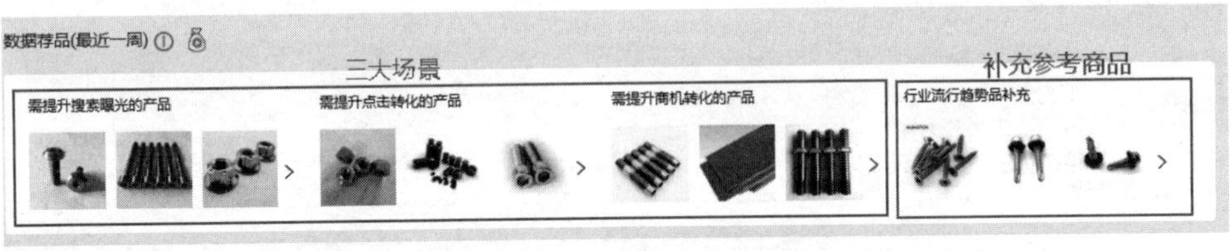

图 6–25　“数据荐品”总览

（三）产品详细分析

有效果产品是指访问人数、收藏人数、分享人数、对比人数、询盘人数、询盘率、TM 咨询人数、提交订单个数等数据不为 0 的产品。产品详细分析如图 6–26 所示。

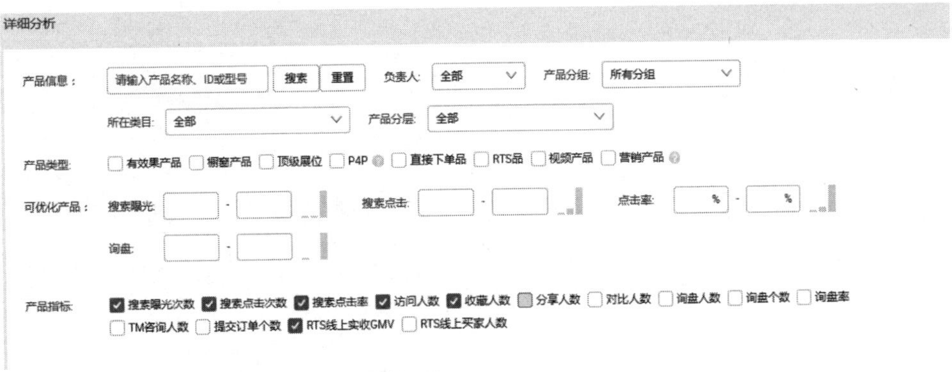

图 6–26　产品详细分析

图 6-26 中的产品信息所有选项皆为空白，则展示所有平台有效产品的数据。亦可输入相应关键词，查看与该关键词匹配的所有产品；或者下拉菜单里选择负责人，查看该负责人名下所发布的产品效果。

对于系统提示的可优化产品，应第一时间进行修改、编辑再发布。

（1）高曝光低点击产品：重点检查产品图片、产品名称及产品关键词的匹配度。

（2）高点击低曝光产品：可以设置该产品为顶级展位产品或加入 P4P 推广，以快速提高曝光度。

（3）高点击低反馈产品：及时查看并调整产品详细描述，通过文字、图片、视频、表格的方式将产品的特性及客户所关心的问题一一列举说明。

（4）有反馈低曝光产品：选择 P4P 加大推广该产品，或者将该产品加入橱窗推广。

打开产品详情页面，就能非常清晰地查看产品总数及由此带来的曝光、点击、反馈的数据，同时还可以查看该产品所关联的所有关键词来源并对产品进行编辑，如图 6-27、图 6-28 所示。

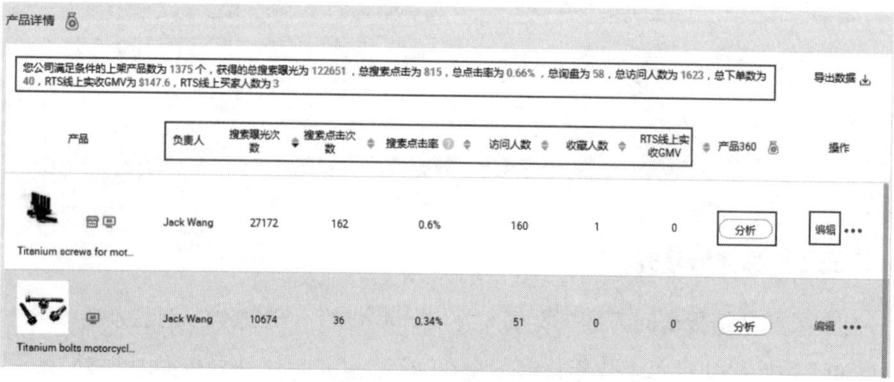

图 6-27 产品详情页面

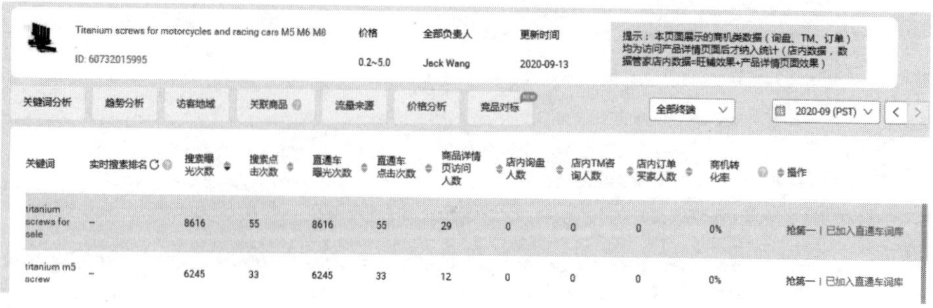

图 6-28 来源词展示

四、零效果产品

零效果产品是指访问人数、收藏人数、分享人数、对比人数、询盘人数、询盘率、TM 咨询人数、提交订单个数等数据为 0 的产品。

供应商需要根据自己企业的实际情况，结合产品本身，选择对零效果产品进行必要的操作，如图 6–29 所示。

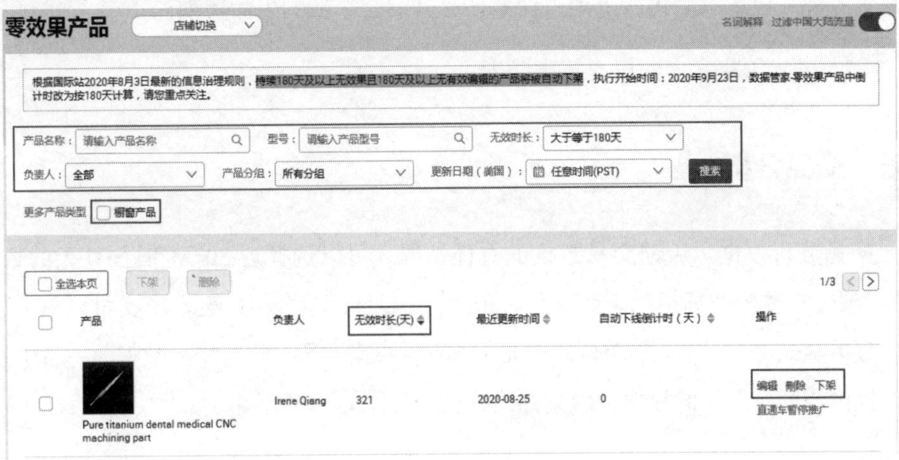

图 6–29　零效果产品页面

设定相应的无效时长、相应的负责人或产品分组，即可查看该项对应的零效果产品。

（一）零效果产品带来的影响

（1）排名影响：若供应商店铺内产品总量达到 2 万及以上、且 180 天及以上零效果产品占产品总量比例超过 10%，将可能对供应商产品排序效果产生影响；产品数量越多、零效果产品的占比越大，排名越受影响。

（2）产品下架：持续 180 天及以上无效果且 180 天及以上无有效编辑的产品将被自动下架。

（二）零效果产品的优化

1. 未下架产品

（1）若是主推产品：建议供应商在优化好产品信息的同时，将主推产品设置为橱窗产品或 P4P 产品，让产品有更多的展示机会；

（2）若非主推产品：建议优化后观察效果，若供应商打算淘汰该产品，建议对该产品直接做删除处理。

2. 已下架产品

（1）若仍需售卖：建议编辑产品，对产品信息做最新的、有效的更新，让产品信息更专业、更丰满后再次上架，使该产品开启一个新的生命周期。

（2）若无须售卖：建议直接删除即可。

五、交易分析

交易分析提供了店铺交易数据的总体情况，可以选择近 30 天和近 90 天的数据进行查看。主要的数据指标有起草总订单个数、起草订单金额（美元）、支付订单个数、支付订单金额（美元）、笔单价（美元）、支付买家个数。整店交易数据，一目了然，同时提供与同行对比的数据，做到知己知彼，如图 6–30 所示。

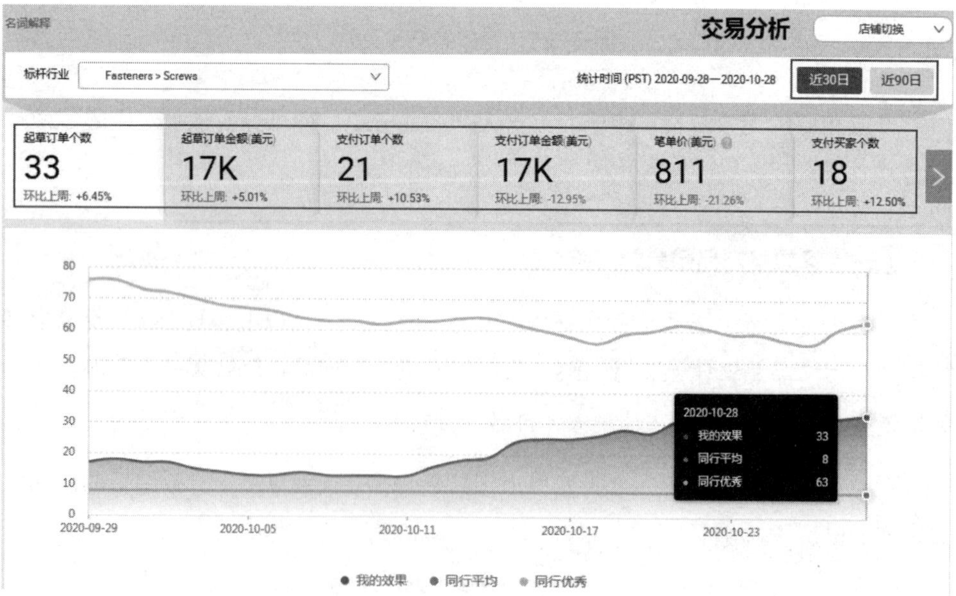

图 6–30 交易分析页面

任务三 买　家

买家板块主动跟进买家行为，并通过分析买家行为而更好地给买家推荐产品并报价，进行营销。买家板块由流量来源、引流关键词、买家画像、访客详情组成。

一、流量来源

流量来源可以选择 PC 端和无线端查看。数据时间范围可以按照日、周、月进行选择。提供的数据指标有店铺访问人数、店内询盘人数、店铺 TM 咨询人数、店铺转化率，可以点击每一个流量来源的趋势，查看具体指标数值的变动情况，还可以查看我的效果、行业平均和同行优秀的对应数据。流量来源页面如图 6–31 所示。

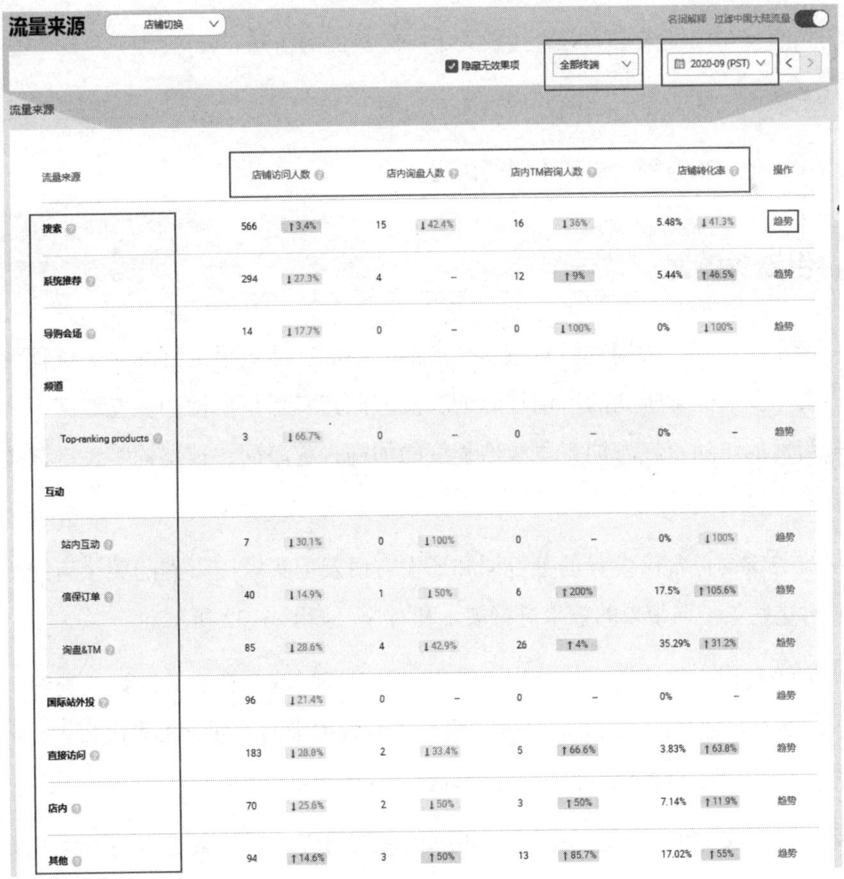

图 6–31　流量来源页面

流量来源有以下 9 个渠道。

（1）搜索，来自文字搜索、图片搜索、类目导航的访问等。

（2）系统推荐，来自首页猜你喜欢、App 消息通道等推荐场景的访问。

（3）导购会场，来自日常会场及大促会场的访问。

（4）频道，来自 Top-ranking products 频道的访问。

（5）互动。

① 站内互动：来自买家收藏、购物车、对比、分享中的访问。

② 信保订单：来自点击订单系统中产品信息产生的访问。

③ 询盘 &TM：来自点击询盘中产品信息产生的访问。

（6）国际站外投，来自国际站外投推广获得的访问。

（7）直接访问，来自买家直接或无上一级页面的访问。

（8）店内，来自自己店铺其他页面的访问。

（9）其他，来自剩余未知来源的访问。

二、引流关键词

一般来说，一个关键词可对应多个产品，因此产品效果的好坏受关键词效果的影响很大。我们经常听到的所谓红海词、蓝海词其实都是根据词在互联网平台上的热度来衡量的。随着红海词竞争激烈程度的加剧，蓝海词、长尾词等关键词类型越来越被关注和应用。

引流关键词包含已设置的关键词和还没有设置但买家搜索到的关于店铺的关键词，并对这些关键词带来的效果进行展示和对比，如图 6-32 所示。

引流关键词通常按周或按月统计效果，可以通过输入核心关键词，查看包含该词在内的所有已使用的关键词。同时，可以查看各关键词的搜索曝光次数、点击量、点击率、外贸直通车曝光等相关指标的数据，如图 6-33 所示。

由于海外买家的数量越来越多，不同的搜索习惯也会带来更多的搜索关键词。这就需要供应商经常关注关键词的变化，尤其是那些买家使用热度高且店铺还没有设置使用的关键词。建议可以定期将关键词从数据管家网页端用 Excel 表格导出数据，在进行筛选、比对、评估后再设置使用。

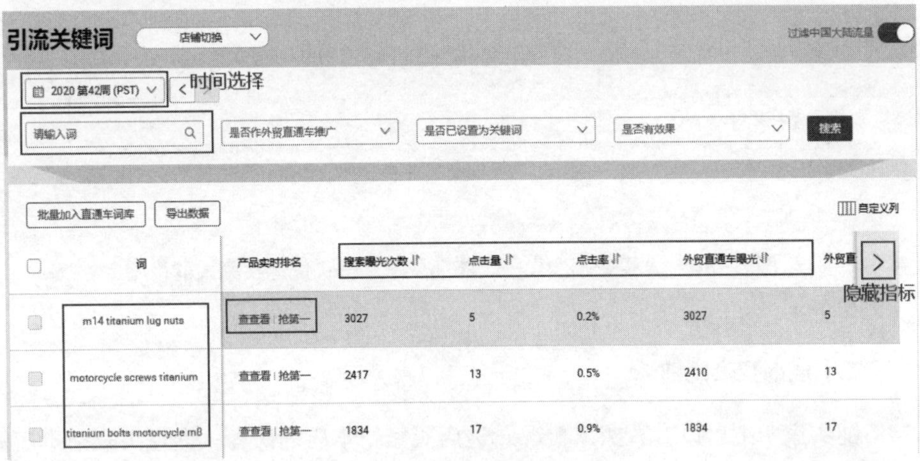

图 6-32　引流关键词

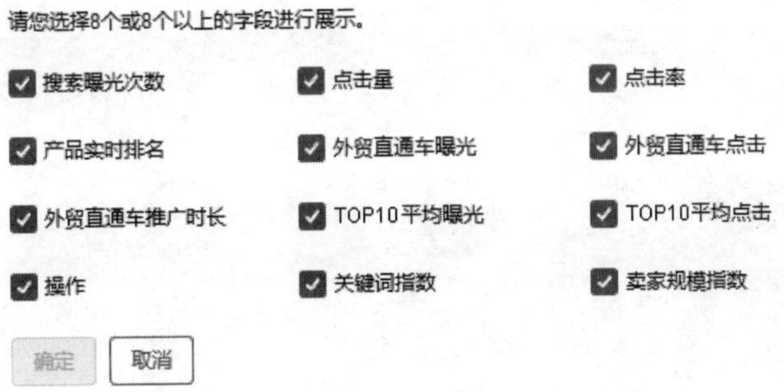

图 6-33　引流关键词可查看的相关指标的数据

三、买家画像

买家画像包括优选买家人群、店铺买家明细、关键词偏好、产品偏好、类目偏好和场景偏好、国家及地区分析。可以进行本店买家和行业买家的切换及近 7 天、近 30 天或近 180 天的切换。

（一）优选买家人群

本店优选买家人群的特征，用来标识本店买家（包含访客、询盘、成交）的身份特征、网站行为、采购偏好、地域、关键词搜索偏好及类目偏好等，用于创建精准的 P4P 计划和广告推荐计划，如图 6–34 所示。

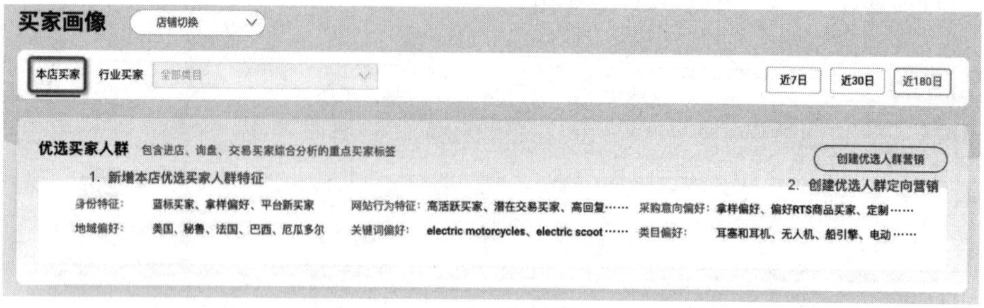

图 6–34 “买家画像”—“本店买家”—“优选买家人群”

（二）店铺买家明细

店铺买家明细可以查看买家概况。进店买家指本店的访客；询盘买家指本店的询盘客户；交易买家指本店的成交买家。店铺买家明细页面如图 6–35 所示，右侧是本店买家的身份偏好和买家标签。

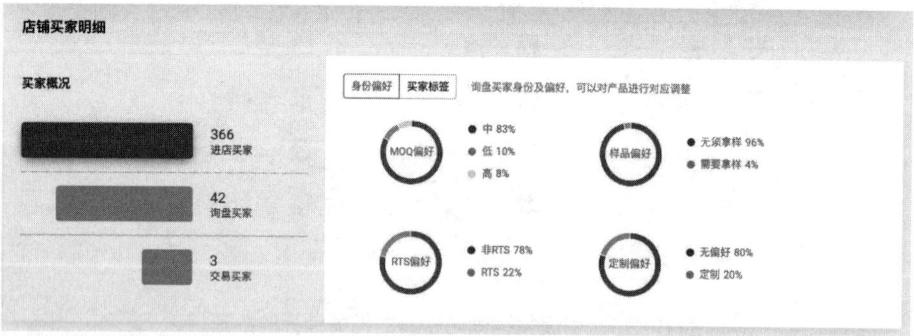

图 6–35 店铺买家明细页面

（三）关键词偏好

关键词偏好分为进店搜索关键词和全站搜索关键词，如图 6–36 所示，右上角可以选择进店买家、询盘买家及交易买家。

（1）进店搜索关键词是指右上角选定类型的买家进店前搜索的关键词。

（2）全站搜索关键词是指右上角选定类型的买家进国际站前搜索的关键词。

（3）引流买家数是指通过某个词进店的买家数，点击率是指该词的搜索结果点击率。

（4）搜索涨幅是指环比上个周期的词搜索量涨幅。

（5）卖家规模指数是指使用该关键词投放的卖家数据算法值。

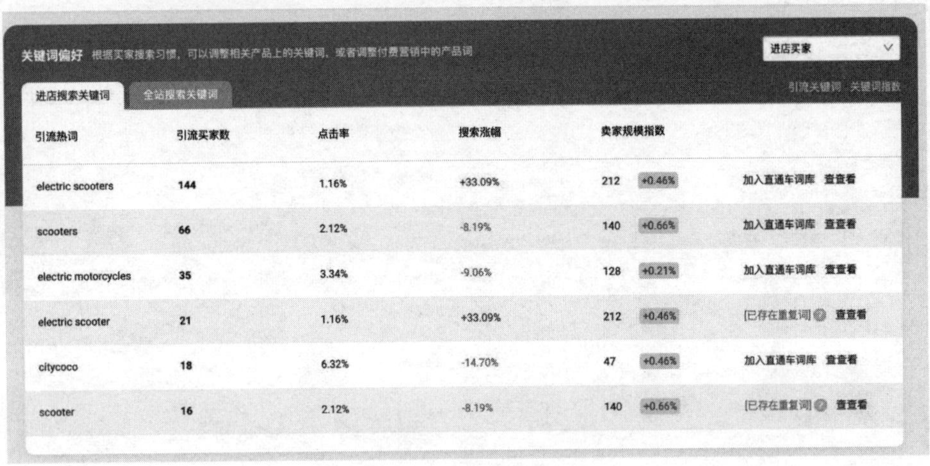

图 6-36 关键词偏好

（四）产品偏好

产品偏好分为访问产品排行、询盘产品排行和交易产品排行，如图 6-37 所示。

图 6-37 产品偏好

（1）访问产品排行是指本店产品的访问量排行。

（2）询盘产品排行是指本店产品的询盘量排行。

（3）交易产品排行是指本店产品的交易量排行。

（五）类目偏好和场景偏好

类目偏好指选定人群的本店类目偏好。场景偏好指选定人群的进店渠道偏好，如图 6–38 所示。

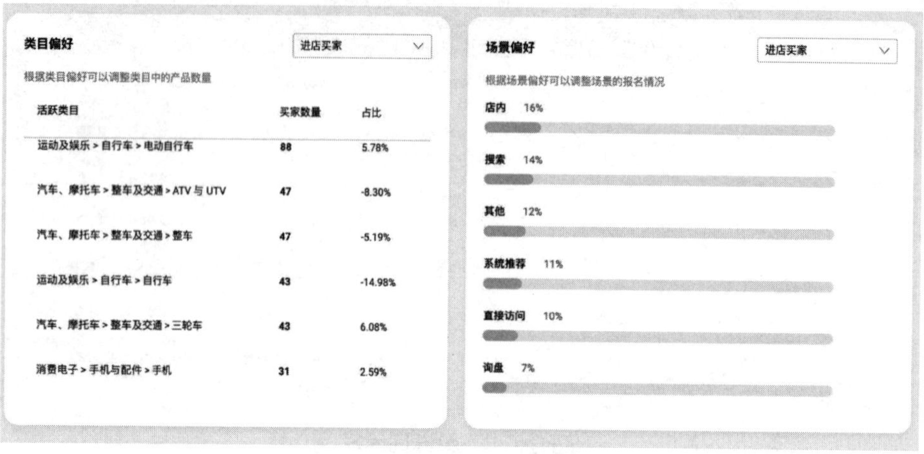

图 6–38　类目偏好和场景偏好

（六）国家及地区分析

买家所在的国家及地区分析是用直观的图表和数据展示店铺买家所在的国家及地区。访客平台时段指某个国家的选定人群在国际站的访问时段分布（以美国太平洋标准时间计算），图 6–39 所示为美国的进店买家在国际站的美国太平洋标准时间分布。

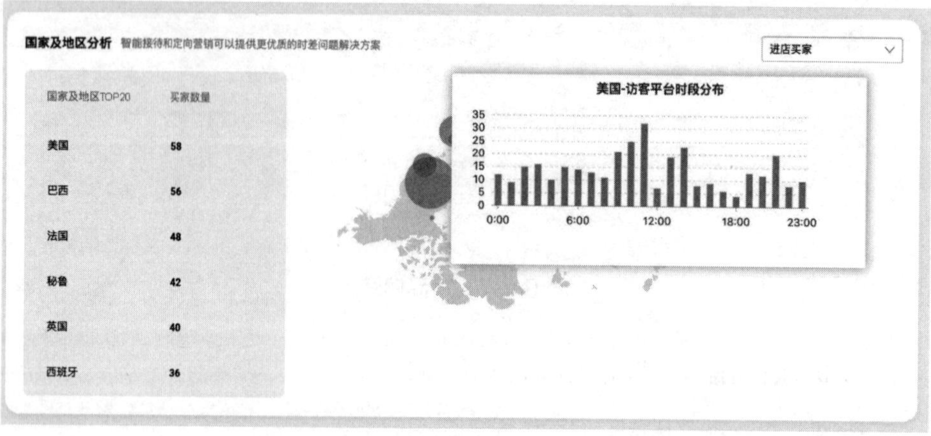

图 6–39　美国的进店买家在国际站的美国太平洋标准时间分布

四、访客详情

访客详情分为我的访客和营销管理两部分。

了解访客行为并进行分析，是初步与买家建立联系并有效跟进的关键所在，同时也是卖家内部建立大数据库的有效途径：访客来自哪个国家、常用的关键词是哪些、浏览了哪些产品在浏览不同产品页面停留的时间是多长等。

（一）我的访客

1．如何搜索我的访客

（1）设置搜索访客的周期，可以设置搜索 7 天或 31 天，也可设置自定义时间段，如图 6–40 所示。

（2）选择地域：可以选择指定的国家或地区，也可以搜索全部。

（3）搜索关键词：可以指定搜索相应关键词，也可以搜索全部行业类目包含的产品关键词。

（4）可以设置搜索发起询盘或 TM 咨询的访客，也可以搜索未发起询盘或 TM 咨询的访客或全部访客。

（5）可以选择当前可进行营销的访客或者查看已经营销的访客。

图 6–40　设置搜索访客的周期

2．如何分析访客行为

（1）通过访客停留时间的长短，分析访客对产品或店铺的满意程度。

（2）通过访客浏览的页面，分析访客感兴趣的产品，为后期推送产品做好准备，如图 6–41 所示。

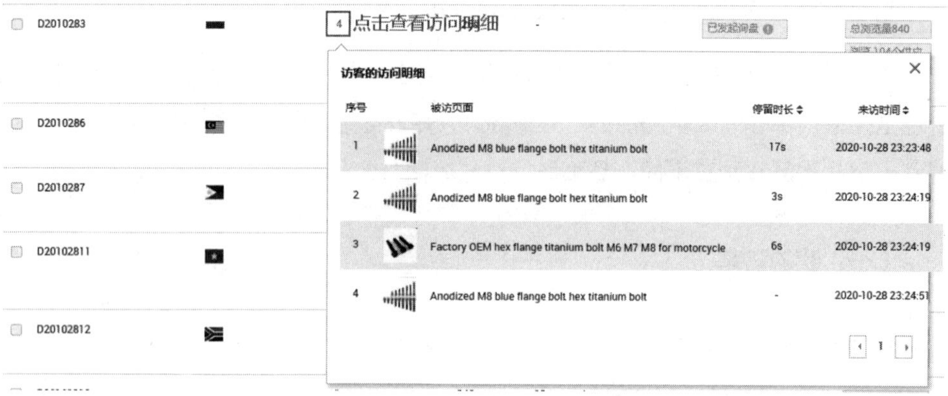

图 6–41　访客的访问明细

（3）分析访客查看旺铺的行为：通过查看访客是否访问旺铺首页、是否查看店铺介绍、是否查看店铺联系方式等方面，判断访客合作意向。

3. 访客推荐

系统会根据卖家在平台端的数据表现，推荐相应的买家。每天每个账号可以对 20 个访客申请营销，如图 6–42 所示。

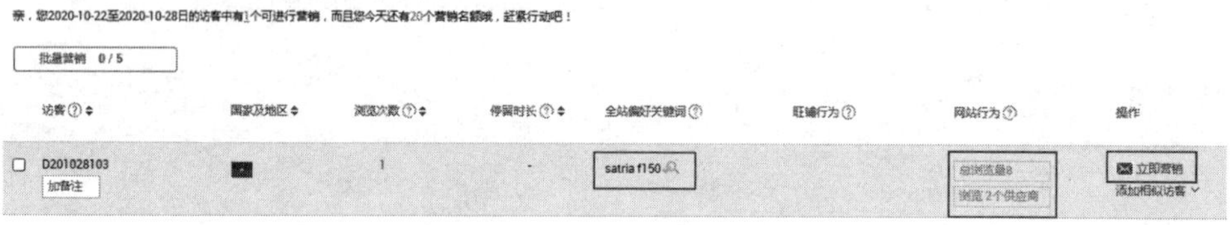

图 6–42　对访客申请营销

（二）营销管理

营销管理是对一段时间内所有已营销的访客数据进行统计、分析、对比和管理，如图 6–43 所示。

当查看管理数据时，可以设置相应的时间段：最近 31 天或者自定义最近 31 天之内的某一段时间。可以选择查看店铺账号所有营销客户的数据，也可以选择查看相应子账号的访客营销数据。

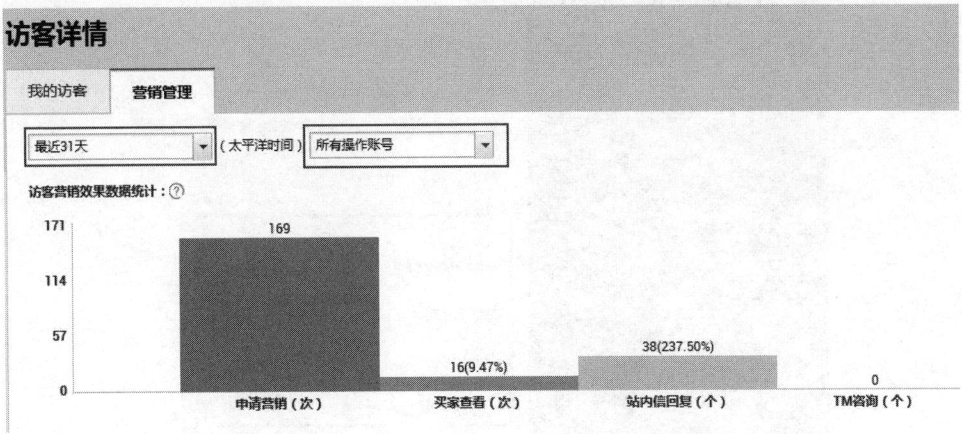

图 6-43 “访客详情”—“营销管理”

任务四 市 场

市场板块是对整个行业（包括二级类目及以下类目）在相应时间内数据的展示。主要包括关键词指数、商品洞察、市场洞察、行业商机推荐、行业报告、征税查询和行业市场分析，如图 6-44 所示。下面我们主要介绍关键词指数、商品洞察、市场洞察和行业市场分析。

一、关键词指数

关键词指数功能，将为商家提供基于国际站的买家搜索行为洞察，让商家清晰明了地知道热词对应的买家画像，更精准地决策、布局和投放。关键词指数是买家访问的客观呈现，但在使用前必须自助查询是不是品牌词，避免受罚。

关键词指数提供了热词榜和趋势榜，热词榜都是近期具有较高搜索热度的关键词，可以选择时间范围（最近 7 天和最近 30 天）、终端（全部、PC 端、无线端）和地区，如图 6-45 所示。热词的热度通过小火苗的数量来展示，4 个小火苗是排名位于一级类目前 10% 的词，3 个小火苗是排名位于一级类目前 10%（不含）～ 50% 的词，这些词是买家使用频率很高的词，同时也是大多数卖家还没有设置使用的词。所以，建议卖家第一时间将这些词加入 P4P 进行推广。

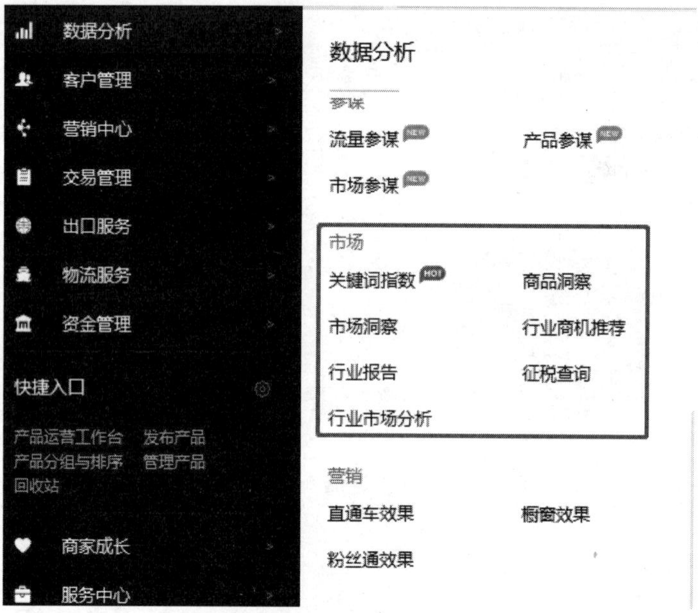

图 6-44 “数据管家”—“市场”

图 6-45 “关键词指数”—“热词榜”

基于选定的两个一级类目下所有类目的热门关键词，可以进行抢第一、加入直通车词库及加入收藏操作，如图 6-46 所示。

图 6-46　操作页面

趋势榜的词可以选择类目，时间范围（最近 90 天和最近 180 天），终端（全部、PC 端、无线端）和地区。可以将趋势度 4 个火苗的词（趋势度 90 ～ 100）进行抢第一、加入直通车词库及加入收藏操作，如图 6-47 所示。

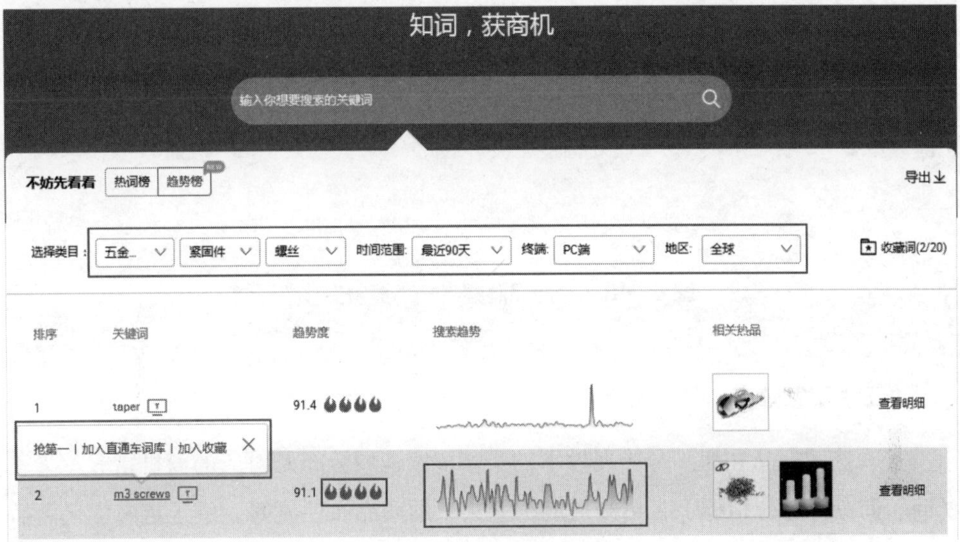

图 6-47　趋势榜

二、商品洞察

商品洞察从竞争变化、买家分布、商品分类分析、价格分析、热卖商品排行、相关品类推荐、流行主题七大角度帮助商家深度洞察国际站的行业商品趋势，为其拓展新品、发现新商机提供深度数据支持。

（一）竞争变化

商家可查看选定商品分类的竞争激烈程度，以决定后续动向，如图 6-48 所示。

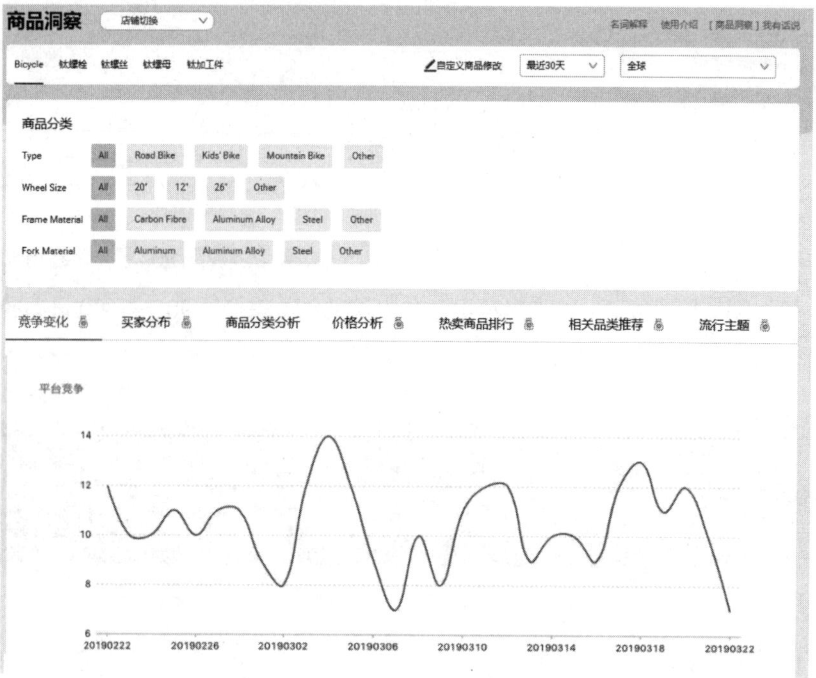

图 6-48 “商品洞察”—“竞争变化”

（二）买家分布

查看选定商品和商品分类属性下的买家国家地域分布及对应的商机指数（买家访问、询盘等综合指标），可知对应国家买家的商品属性喜好，便于定向优化商品或投放广告，如图 6-49 所示。

热卖商品排行　相关品类推荐　流行主题

		买家规模指数	环比涨幅
NO 1	菲律宾	129	-21.5%
NO 2	印度	107	-9.5%
NO 3	美国	107	-23.4%
NO 4	印度尼西亚	87	-39.6%
NO 5	巴西	85	-17.4%
NO 6	秘鲁	80	-4.2%
NO 7	哥伦比亚	60	-27.3%
NO 8	墨西哥	48	-21.4%
NO 9	巴基斯坦	46	-1.4%
NO 10	英国	45	-27.6%

图 6-49 买家分布数据

（三）商品分类分析

商家可查看选定商品分类属性下的买家采购偏好，如图 6–50 所示。

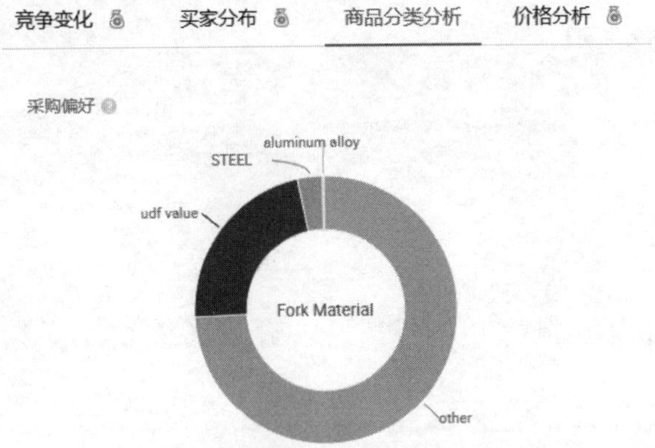

图 6–50　商品分类分析

（四）价格分析

商家可查看选定商品分类属性下的价格区间分布，看到某个区间段的占比。通过价格区间分布，可以获知最受欢迎的定价区间，做好定价参考，如图 6–51 所示。

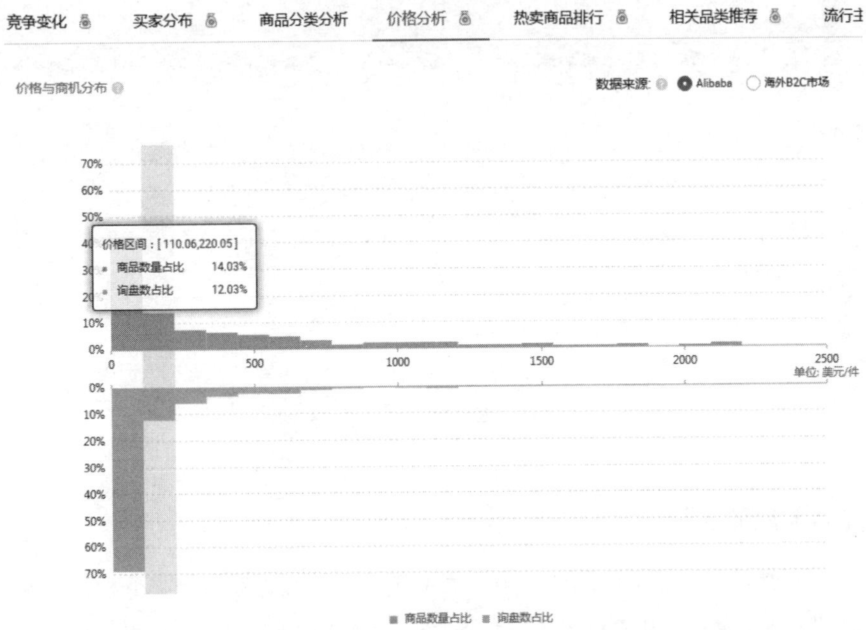

图 6–51　价格分析

（五）热卖商品排行

商家可查看选定商品分类属性下的行业热品，通过 BSR 数据快速查看行业热品，学习并提升；可查看热品和飙升品，快速定位买家端采购需求，调整品类排布和商品生产，如图 6-52 所示。

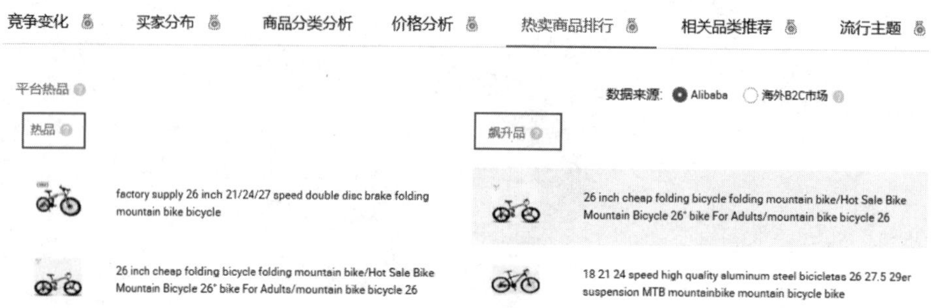

图 6-52　热卖商品排行

（六）相关品类推荐

商家可选定商品的关联商品，发现关联商品的商机，找到并拓展产品矩阵，或通过数据寻找可以合作的商家伙伴，形成 B2B 卖家联盟。通过查看选定商品的关联商品排行，根据相关度和商机指数，做好关联商品选品，如图 6-53 所示。

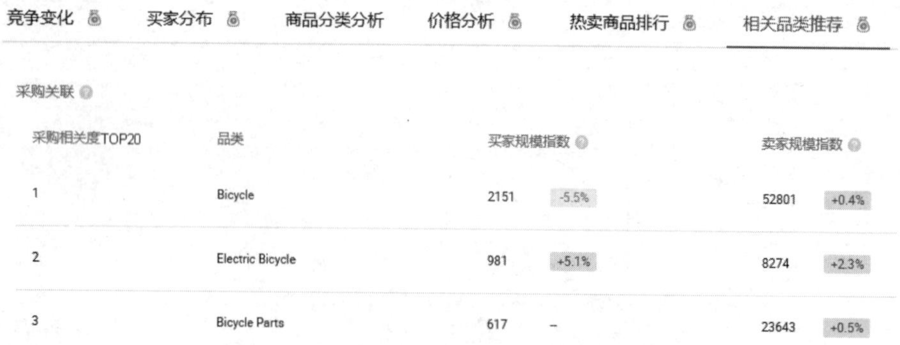

图 6-53　相关品类推荐

（七）流行主题

商家可统计选定品类商品的买家搜索关键词的词频，通过聚类分析，发现该商品的流行元素关键词，从而可以确定最近 30 天或最近 3 个月该商品的流行主题元素。

单一词主题（用一个词来描述商品）和复合词主题（用两个词来描述商品，更能清晰定位到商品真正的流行组合，发现新机会），帮助商家发现该商品流行的关键词，以此判断商品流行的属性及描述，为后续的工厂生产带来更多新机会。

三、市场洞察

市场洞察帮助商家从买家画像、搜索偏好、热品分析、品类偏好四大核心角度深度洞察国际站的买家行为，帮助商家拓展市场新商机，为商家提供近 30 天及 12 个自然月的详细数据（细分至国家和各个终端），如图 6–54 和图 6–55 所示。

图 6–54　市场洞察首页

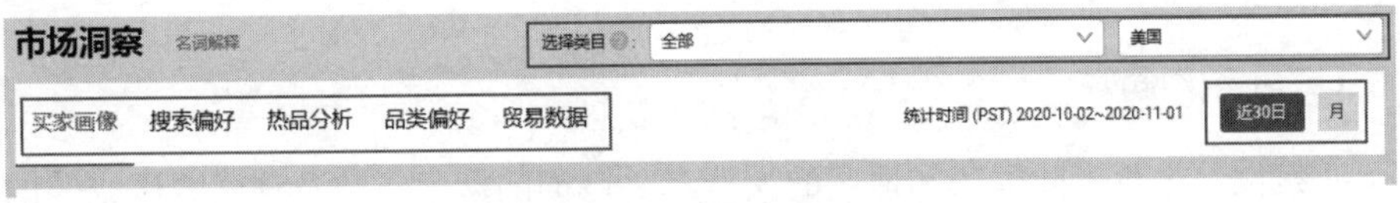

图 6–55　“市场洞察”总览

（一）买家画像

买家画像包含不同地区人群对终端占比、MOQ 偏好、企业类型、采购规模的分析。该部分的数据范围是指访问并登录国际站的买家（有账号的买家）。可以帮商家洞悉买家特征，优化目标市场经营策略，如图 6–56 所示。

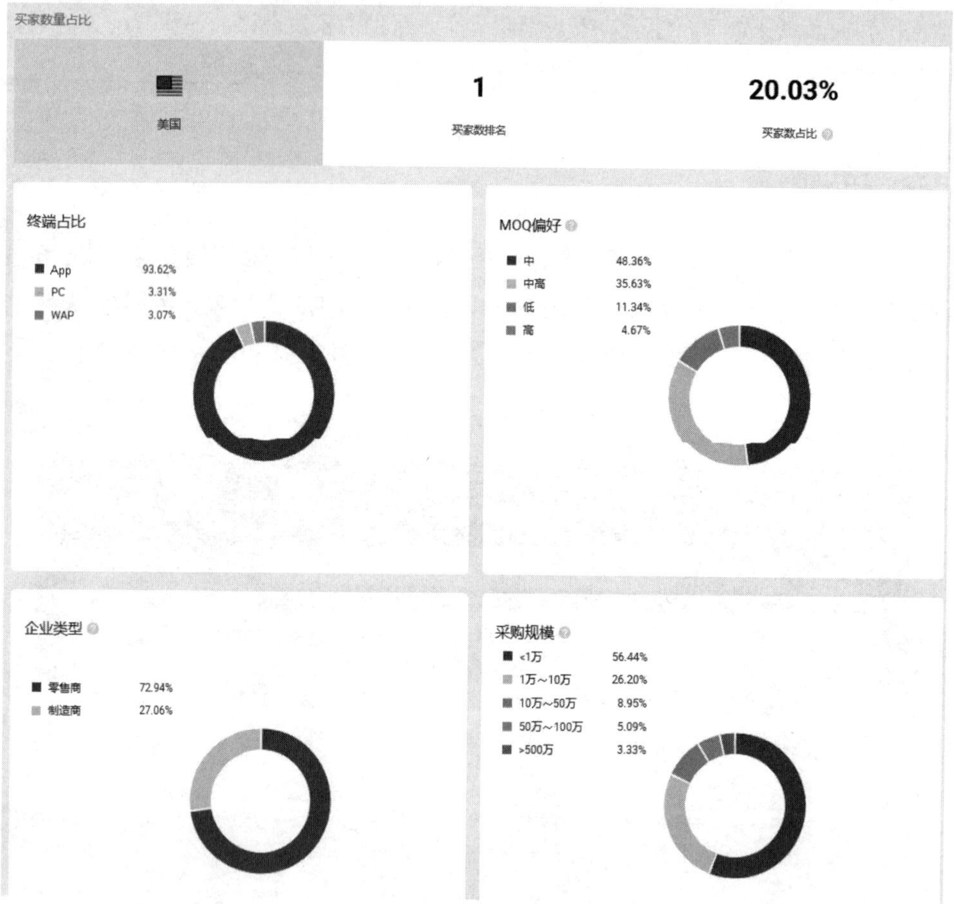

图 6-56 买家画像

（二）搜索偏好

搜索偏好包含不同国家和地区的人群对关键词的搜索指数及搜索跌涨幅等的分析。该部分的数据范围是指在国际站全部有搜索行为的买家。搜索偏好可以帮商家洞悉潜在采购需求，优化关键词营销投放策略，如图 6-57 所示。

（三）热品分析

热品分析包含不同国家和地区的人群对（单一）商品的访问量占比、询盘量占比的分析，洞悉其目标商品采购需求，改变选品或拓品策略及产品信息优化结构，如图 6-58 和图 6-59 所示。

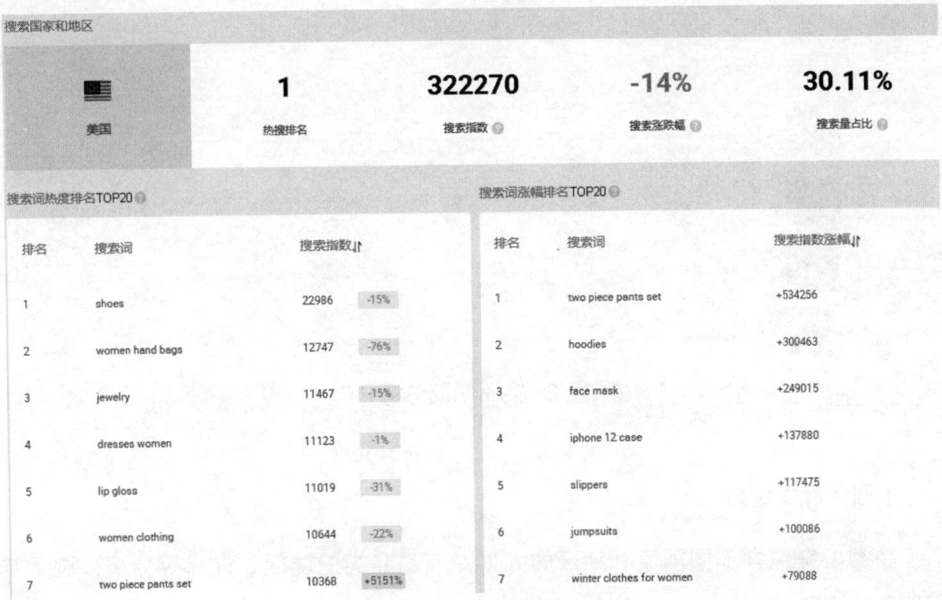

图 6-57　搜索偏好

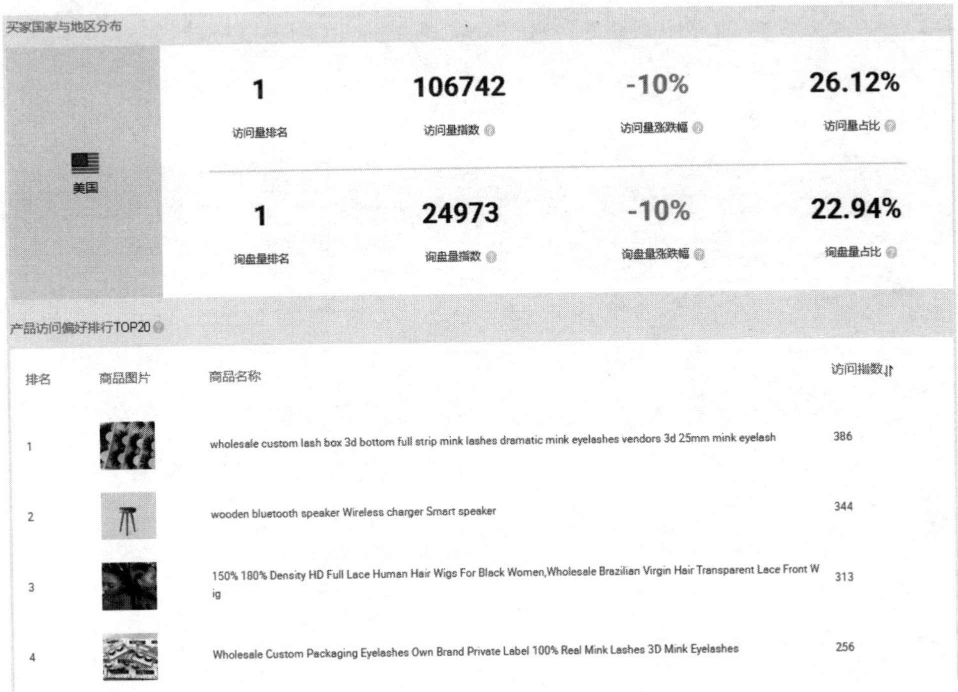

图 6-58　热品分析 1

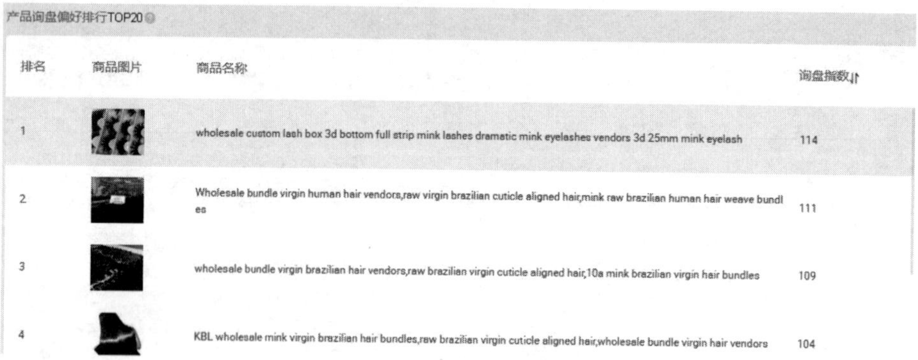

图 6-59 热品分析 2

（四）品类偏好

品类偏好包含不同国家和地区的人群对商品品类的访问、询盘等分析，洞悉其商品品类的潜在需求，改变选品或拓品策略，如图 6-60 所示。

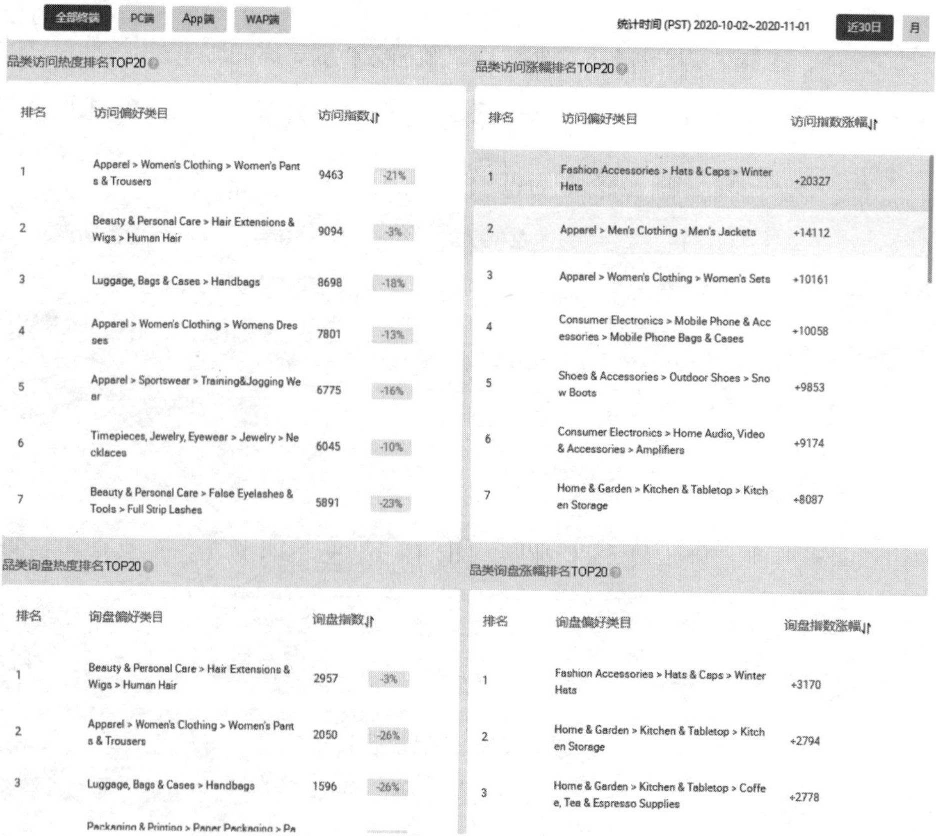

图 6-60 品类偏好

四、行业市场分析

阿里巴巴行业市场分析，依赖国际站十多年所积累的交易数据，对商家的产品转型、海外市场选择、备货计划提供决策参考支持，帮助商家及时了解行业情况，抢占先机。

（一）外贸出口交易规模指数

该指数融合交易量、买卖家数等多项核心指标，卖家可通过该指数了解该品类下行业市场规模和景气程度，数值越大代表市场规模景气程度越高，不同品类行业指数值可横向比较，如图 6–61 所示。

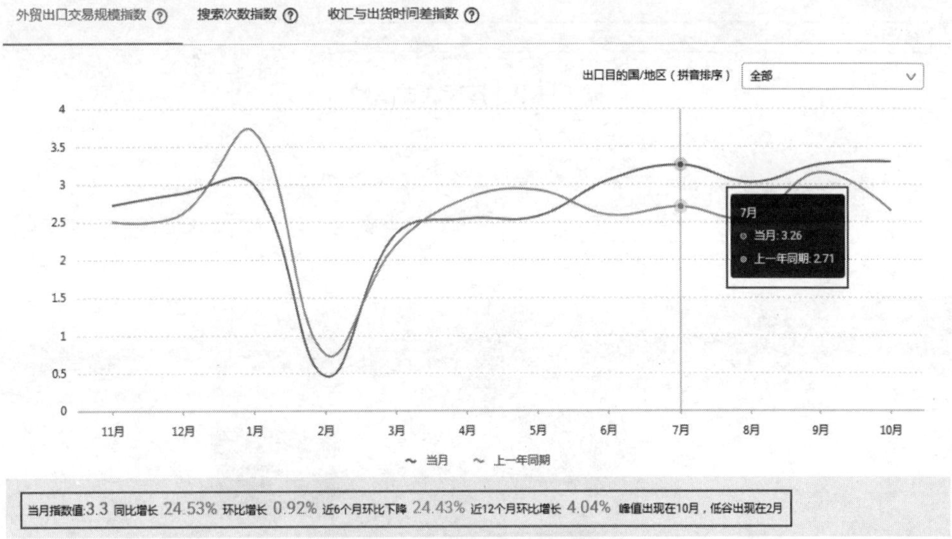

图 6–61　外贸出口交易规模指数

（二）搜索次数指数

该指数代表当前品类搜索量总体水平变化趋势，卖家可通过该指数了解买家需求整体水平的变化趋势，数值越大代表需求越强劲，如图 6–62 所示。

（三）收汇与出货时间差指数

该指数反应账期变化，卖家可通过该指数了解行业内买家对账期或赊销服务的需求，一定程度上反映了行业内卖家资金压力的变化趋势，数值越大代表买家需要的账期越长，卖家端资金压力也越大，如图 6–63 所示。

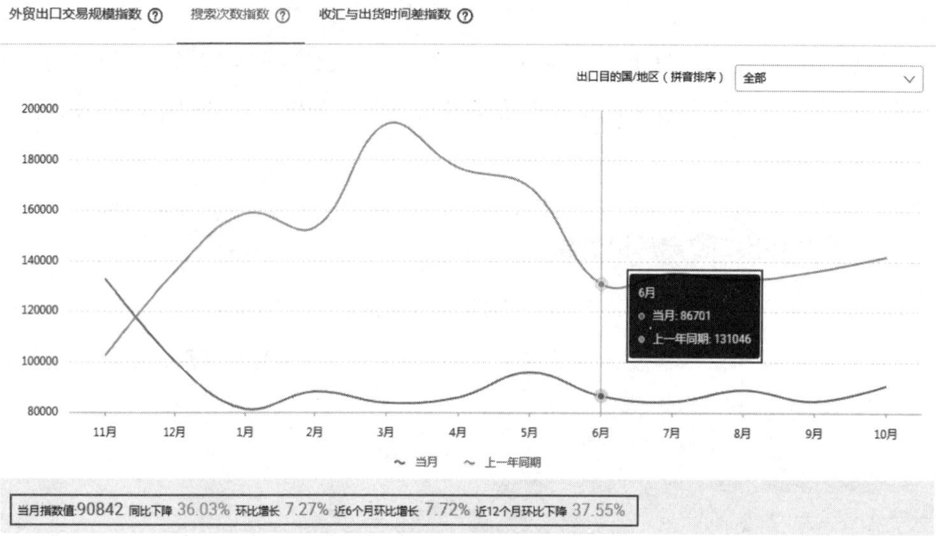

图 6–62 搜索次数指数

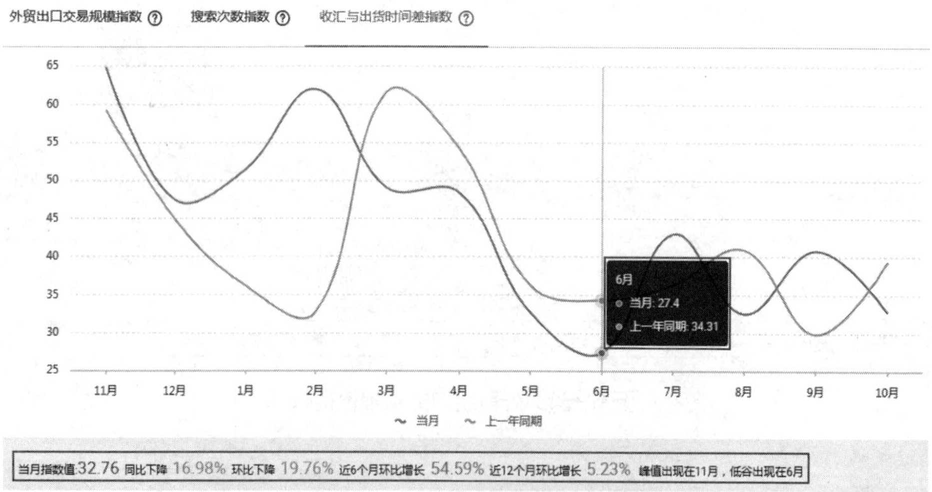

图 6–63 收汇与出货时间差指数

（四）交易金额国家（地区）排行榜

该排行榜代表该品类当月交易金额国家（地区）排名前 20，面积越大代表占比越大，卖家可通过该排行榜了解该品类行业交易主要的海外市场，如图 6–64 所示。

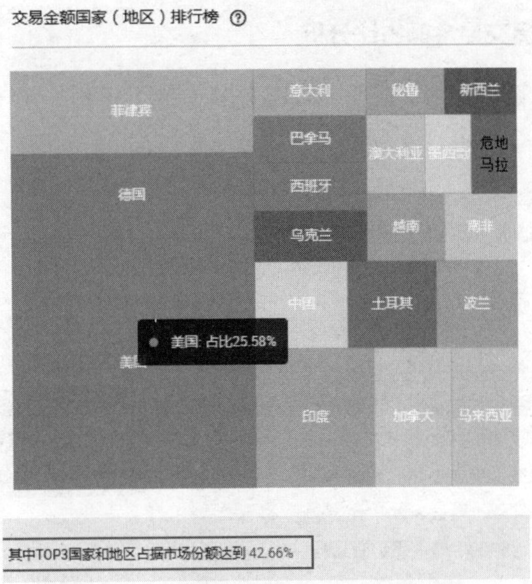

图 6-64　交易金额国家（地区）排行榜

（五）搜索量国家（地区）排行榜

该排行榜代表该品类行业关键词当月搜索量的国家（地区）排名前 20，面积越大代表占比越大，卖家可通过该排行榜了解买家主要的海外需求分布，如图 6-65 所示。

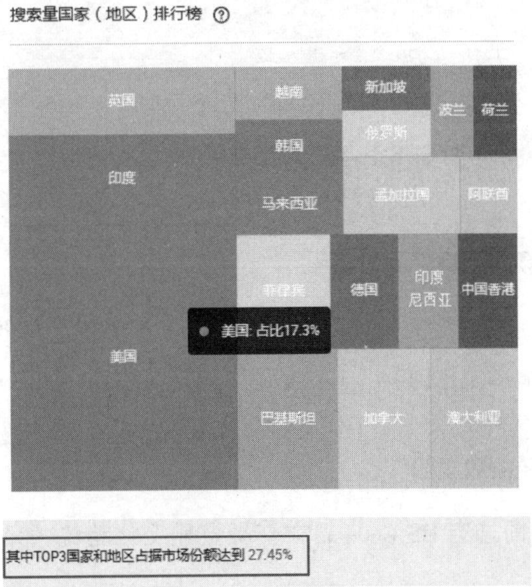

图 6-65　搜索量国家（地区）排行榜

（六）交易热品交易金额占比分析

卖家可以了解该品类下实际出口商品交易金额占比排行榜（最多 TOP10），并了解主流产品趋势，如图 6-66 所示。

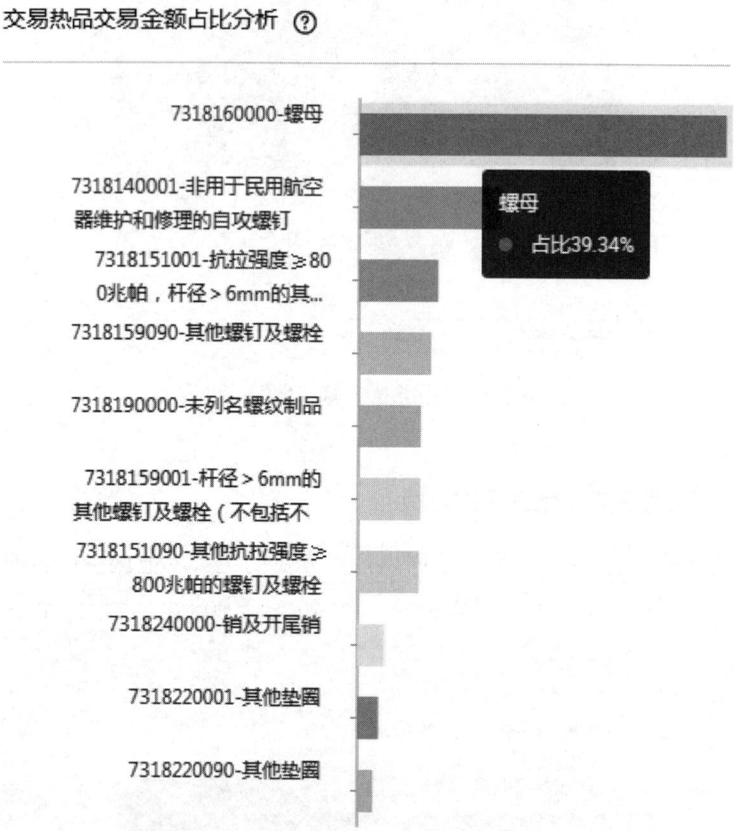

图 6-66　交易热品交易金额占比分析

（七）交易金额同比飙升品分析

卖家可了解该品类下当月交易额排名前 100 的产品中，与上一年同期相比变化最为显著的榜单（最多 TOP10），了解交易变化最新趋势，如图 6-67 所示。

（八）交易金额指数趋势

卖家可了解当前选定 HS Code 品类交易金额变化趋势。交易金额指数趋势如图 6-68 所示。

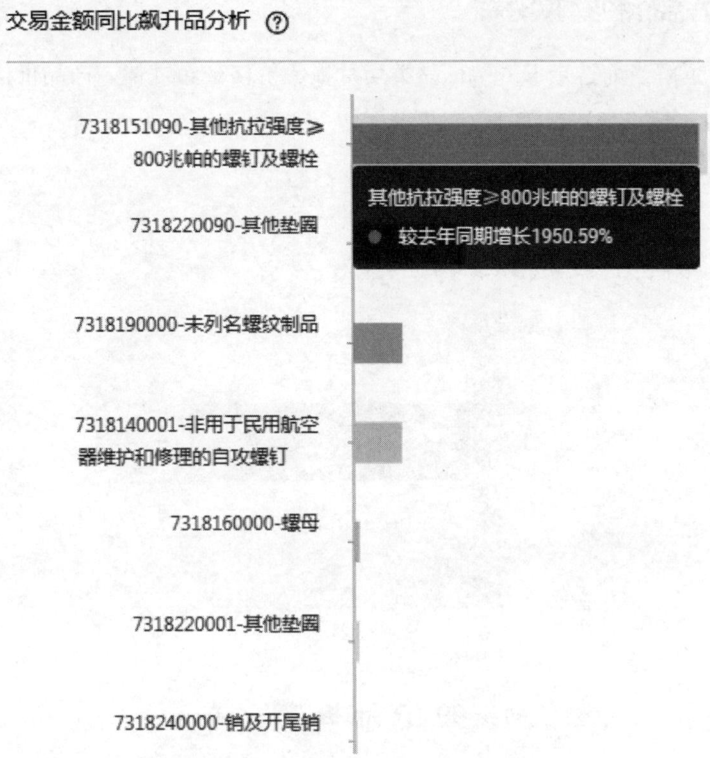

图 6-67　交易金额同比飙升品分析

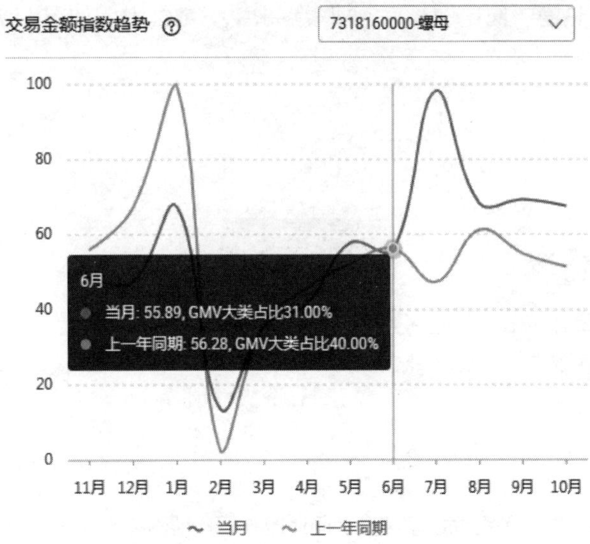

图 6-68　交易金额指数趋势

（九）产品价格区间段分布

卖家可了解当前选定 HS Code 品类当月报关价格分布规律。产品价格区间段分布如图 6–69 所示。

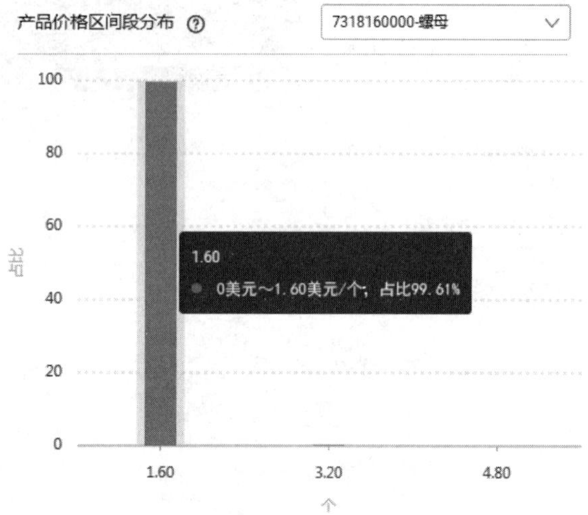

图 6–69　产品价格区间段分布

（十）关键词搜索热度、同比增长率、搜索点击率三维气泡图

关键词搜索热度、同比增长率、搜索点击率三维气泡图如图 6–70 所示。

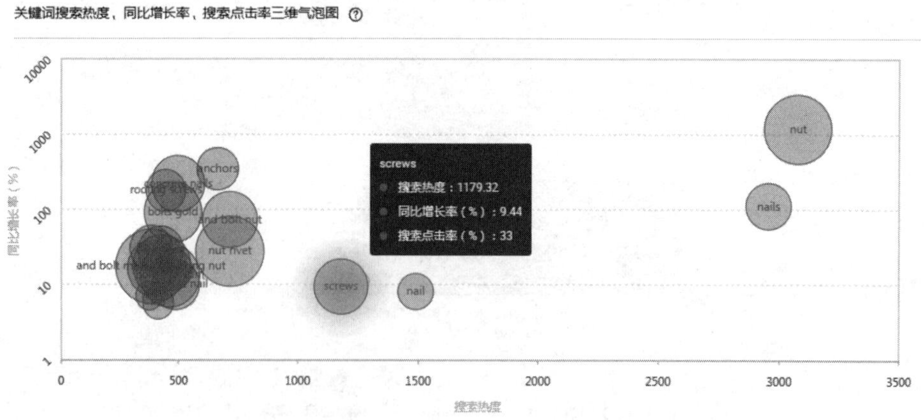

图 6–70　关键词搜索热度、同比增长率、搜索点击率三维气泡图

（1）搜索关键词展示共 20 个。

（2）分布越靠右代表搜索热度越高。

（3）越靠上方代表同比增长越快。

（4）圆圈越大代表搜索质量越高，即买家搜索后点击商品概率越高。

（5）总结：靠近右上方的代表需要重点关注行业的新趋势。

项目小结

本项目对 PC 端数据分析进行了全方位的学习。通过学习和实训，学生可以了解到 PC 端数据分析的各个板块的功能，并了解这些板块的功能对跨境店铺运营的作用。其中，需重点掌握店铺板块、买家板块和市场板块，有助于学生更系统地进行全网站的数据化分析，具备店铺数据分析能力。

项目七

无线端数据分析

无线端作为国际站平台流量的另一大通道，之后亦有可能成为最主要通道。买家如果能够充分了解其概况，并能做好数据分析，更好地应用于数据抓取和推广使用，便可享受更便捷的无线端交易，卖家亦能获取更多成单量。

学习目标

知识目标

（1）了解无线端的流量来源；

（2）了解无线端的排序规则；

（3）了解无线端数据查看；

（4）熟知无线端数据优化的方式。

能力目标

（1）熟练掌握无线端的排序规则；

（2）能够准确获取无线端数据；

（3）能够对无线端的店铺流量进行分析；

（4）能够完成无线端顶级展位绑定。

项目概述

无线端流量成为国际站平台流量的主要来源已经是一个大的趋势了，所以我们需要了解无线端的流量来源是什么？无线端的排序规则是什么？店铺的无线端流量从哪查看？关于无线端流量如何查看等一系列平台知识和操作要点，都将在本项目得到系统的学习和训练。

项目分解

该项目将对国际站的无线端数据进行全方位分析，包括无线端的排序规则、无线端的流量来源、店铺端的无线端数据分析、我的效果端的无线端数据分析等，让学生通过学习和了解，能够做到搭建无线端流量框架并能针对产品进行更好的推广和优化。

任务一　无线端流量介绍

一、无线端的排序规则

目前，无线端与电脑端的排序规则基本一致，产品信息、供应商信息、买家偏好 3 个因素影响排序，另外还有橱窗、外贸直通车等付费推广对排序也有一定影响。无线端排序新增了“mini order”和“FOB 价格”的影响因素，所以卖家在发布产品信息时要尽可能填写完整。无线端包含两部分内容，排序各有不同，如图 7–1 所示。

手机浏览器 m.alibaba.com	Alibaba.comApp 端
· 在站点上用关键词搜索时，当搜索词被供应商同时购买了顶级展位和 P4P，排在搜索结果第一名的是顶级展位 · 对展示的 P4P 广告（顶级展位）和自然搜索结果进行展示，每 2 个广告中间加 1 个自然搜索产品（产品标题后面的“Ad”就是 P4P 产品） · M 站最多展示 15 个 P4P 产品	· 在站点上用关键词搜索时，当搜索词被供应商购买了顶级展位和 P4P，排在搜索结果第一名的是顶级展位 · 1 个 P4P 产品加 3 个自然搜索产品，最多呈现 10 个直通车产品（部分展示仍保留前 10 个产品均为直通车产品，后续会统一为 1 个 P4P 加 3 个自然搜索产品）

注：手机端上的展示是为供应商做的额外推广引流；不同站点由于排名算法的不同，浏览的买家群体也不同，会存在区别

图 7–1　无线端包含的两部分内容

（一）手机浏览器 m.alibaba.com

在手机上用浏览器打开阿里巴巴网站显示为 m.alibaba.com，打开后的页面如图 7–2 所示。

手机浏览器顶级展位、P4P 产品和自然搜索产品的页面如图 7–3 和图 7–4 所示，P4P 广告是在顶级展位之后展示，且每 2 个 P4P 产品加 1 个自然搜索产品，可展示的 P4P 产品总计 15 个，之后展示的是自然搜索产品。

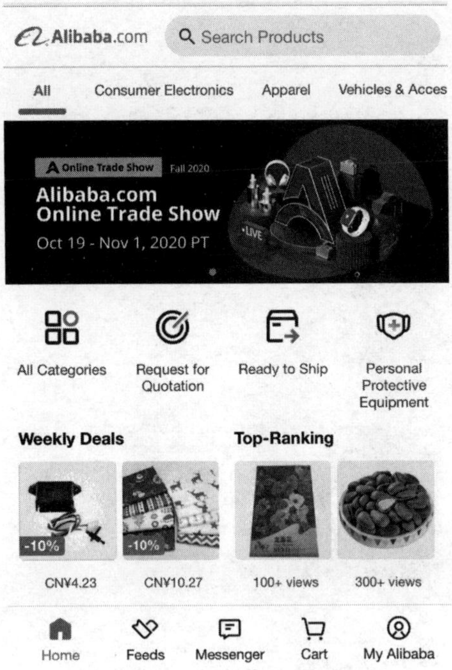

图 7-2 手机浏览器的页面

图 7-3 手机浏览器顶级展位的页面

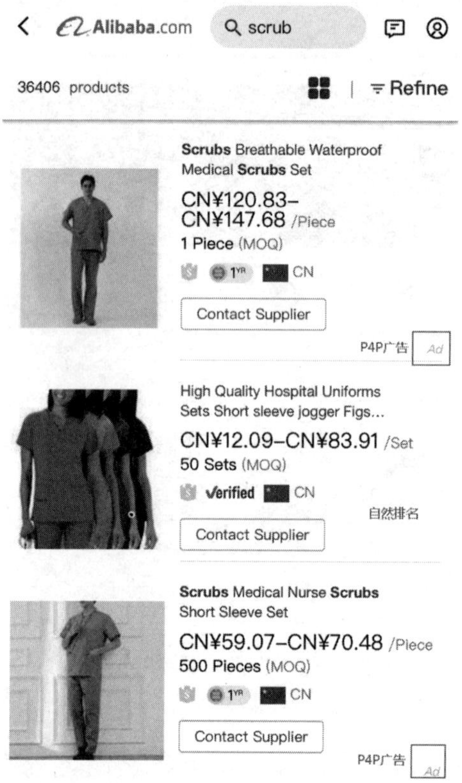

图 7-4 手机浏览器 P4P 产品和自然搜索产品的页面

（二）Alibaba.comApp 端

Alibaba.comApp 端顶级展位、P4P 产品和自然搜索产品的页面如图 7-5 和图 7-6 所示，顶级展位有一个皇冠的标志，P4P 产品有“Ad”显示，1 个 P4P 产品后是 3 个自然搜索产品的排名，可展示的 P4P 产品总计 10 个，之后展示的是自然搜索产品。

二、App 端顶级展位的绑定

1. 投放规则

（1）顶级展位将在每月 1 日 0 点（北京时间）对未绑定产品的关键词，选择相关性为“优”的产品自动绑定。绑定的创意将从“已有创意”中选择符合条件的绑定，优先级：App 子链 > 多品创意 > 单品经典。若无“已有创意”，则系统随机选择为“优”

的产品绑定经典样式。

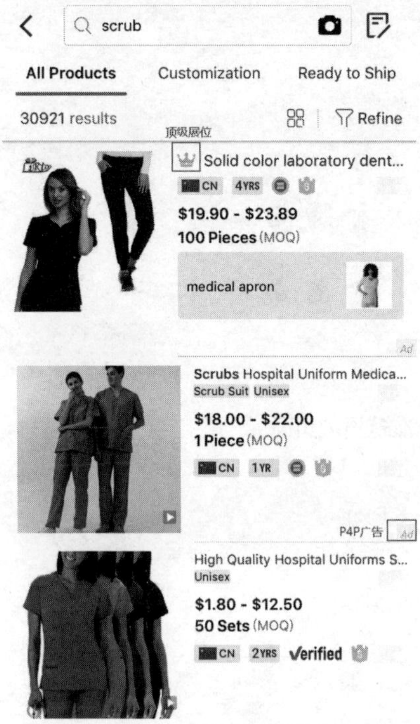

图 7-5 Alibaba.com App 端顶级展位的页面

图 7-6 Alibaba.com App 端 P4P 产品和自然搜索产品的页面

（2）错过系统绑定时间点的，需要在顶级展位投放期开始前完成产品信息的绑定，否则会造成顶级展位的空投。

特别注意：

（1）PC 顶级展位和 App 顶级展位是独立的，需要进入对应板块进行投放操作。

（2）客户有“优”的产品才能绑定，没有“优”的产品将不绑定。

（3）系统随机选择“优”的产品进行绑定，客户可随时换绑自己喜欢的产品。

2. 投放步骤

（1）单品经典模式。

第一步：进入“My Alibaba”—“营销中心”—“顶级展位”—“App 顶级展位”选择左侧导航“已购买关键词”，找到要绑定的关键词，点击“立即绑定”按钮，如图 7-7 所示。

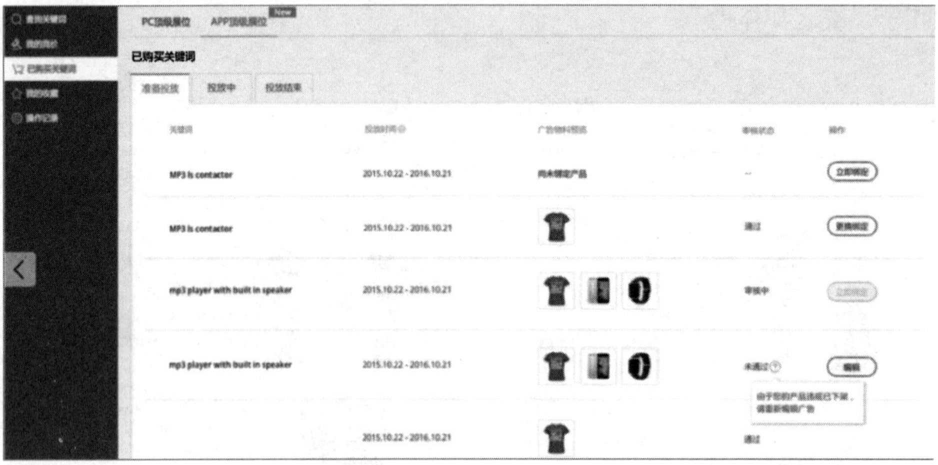

图 7-7　已购关键词准备投放页面

第二步：选择“单品经典模式”，如图 7-8 所示。

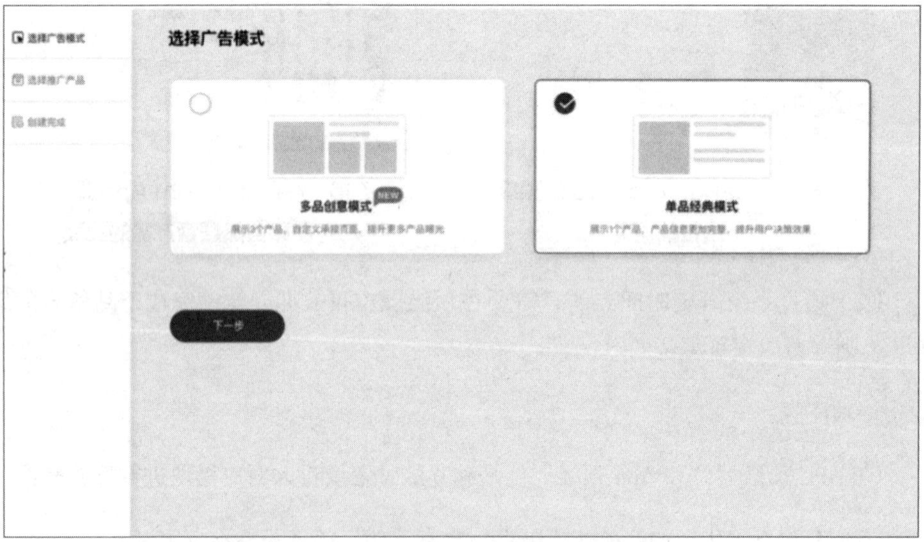

图 7-8　“选择广告模式”—“单品经典模式”

第三步：选择推广产品并提交。

绑定产品要求：

① 推广评分为“优”。

② 产品主图质量达标 (主图上传提示“图片质量有待提升”或“图片质量不佳”

的图片都是需要优化的)，如图 7–9 所示。

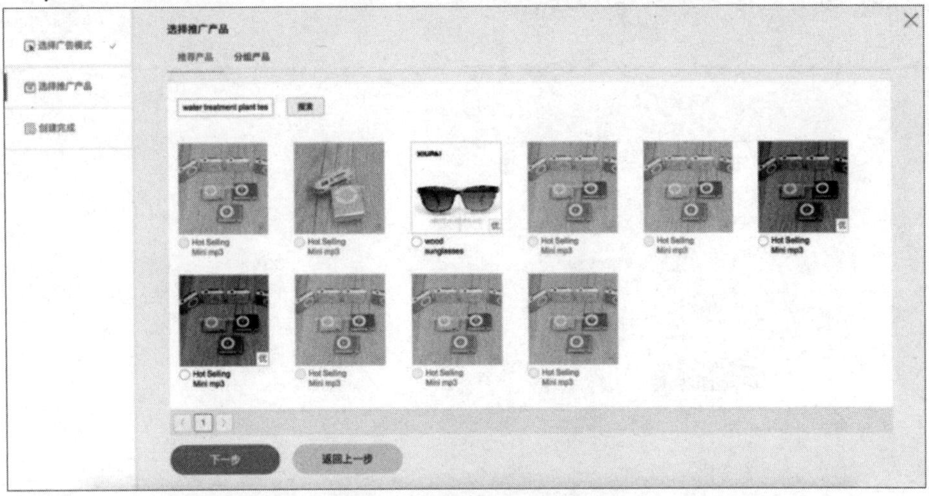

图 7–9　选择推广产品页面

第四步：创建完成，产品将会在指定投放期进行投放，如图 7–10 所示。

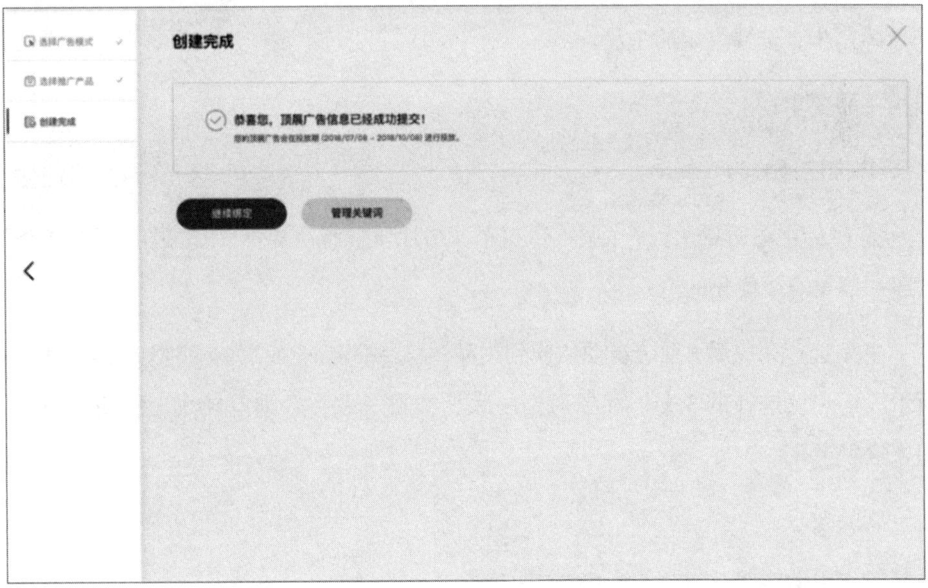

图 7–10　创建完成页面

（2）多品创意模式。

第一步：进入“My Alibaba”—“营销中心”—“顶级展位”—“App 顶级展位”，

选择左侧导航“已购买关键词”，找到要绑定的关键词，点击“立即绑定”按钮。

第二步：选择“多品创意模式”，如图 7–11 所示。

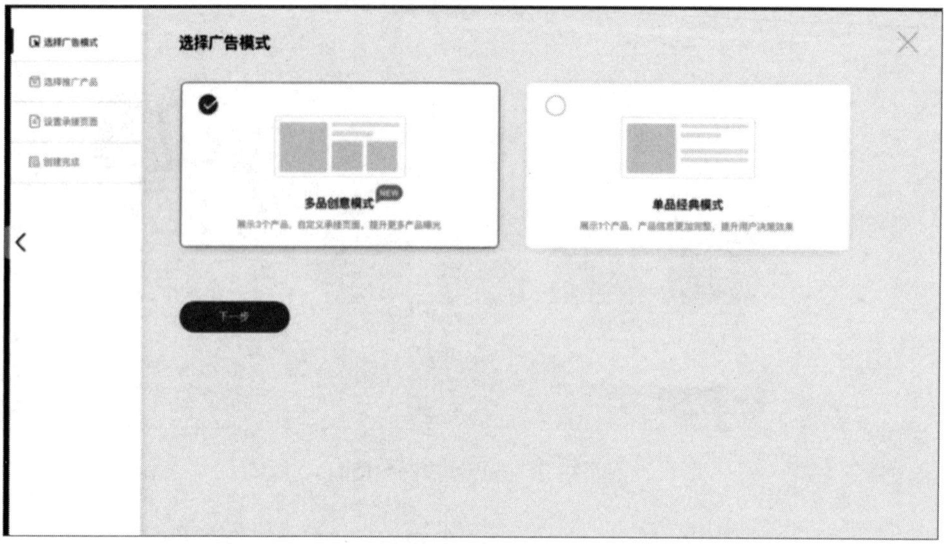

图 7–11 “选择广告模式”—“多品创意模式”

第三步：选择绑定的主品。

主品要求：

① 推广评分为“优”。

② 产品主图质量达标（主图上传提示“图片质量有待提升”或“图片质量不佳”的图片都是需要优化的）。

主品选择完成后，系统自动切换到副品，需要绑定两个副品，如图 7–12、图 7–13 所示。（建议选择的 3 个产品要风格一致、类目一致，否则差异太大后期有被下架的风险）。

副品要求：

① 推广评分为“优”或“良”。

② 产品主图质量达标（主图上传提示“图片质量有待提升”或“图片质量不佳”的图片都是需要优化的）。

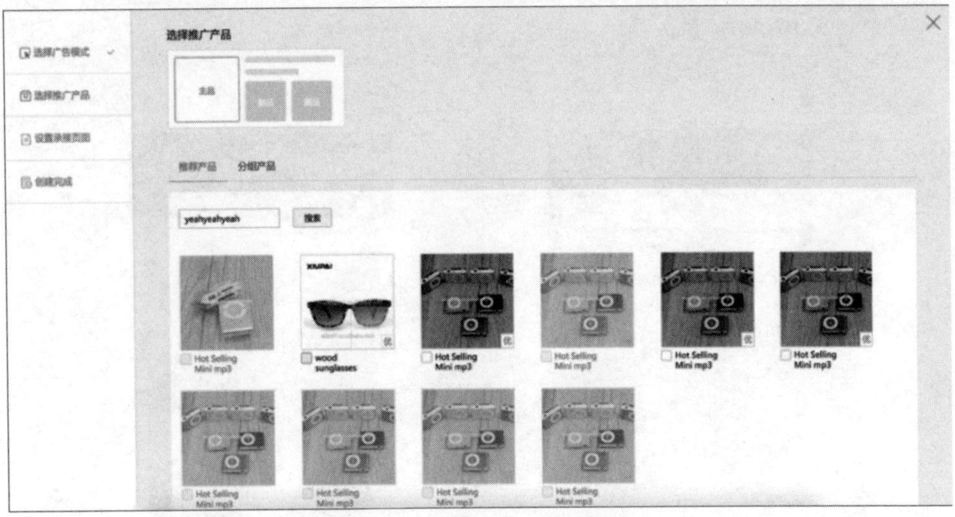

图 7-12 主产品选择页面

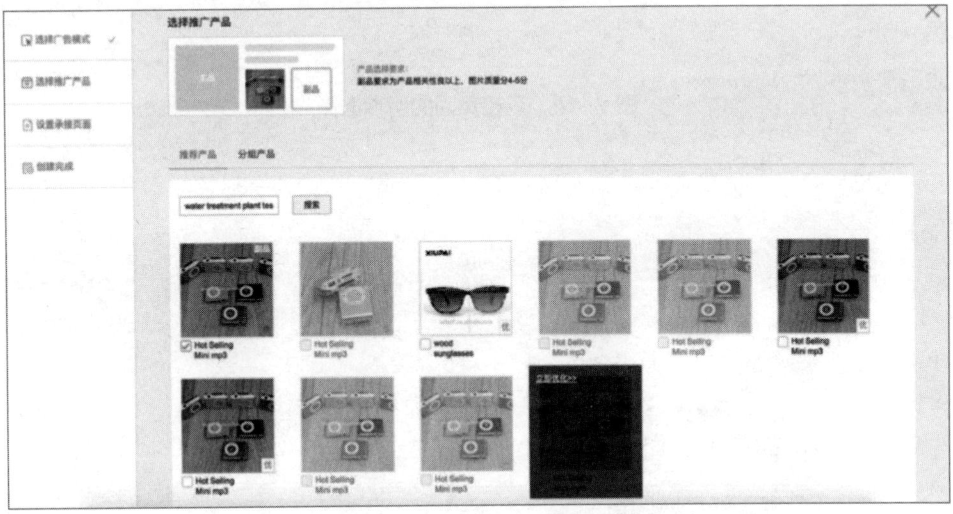

7-13 副产品选择页面

第四步：点击“下一步”按钮，选择承接页面。

承接页面有两种选择，如图 7-14 所示。

① 自定义样式：自定义选择产品，1 店选择 6 个产品。

② 旺铺样式：跳转到旺铺首页。

图 7-14　承接页面的两种选择

如果选择自定义样式，需要选择 6 个产品，如图 7-15 所示。

图 7-15　自定义样式的具体内容

承接页产品要求：选择完成并确认无误后，直接点击“提交”按钮即可，如图 7–16 所示。如果需要更换绑定，选择产品图片，进行更换重选。

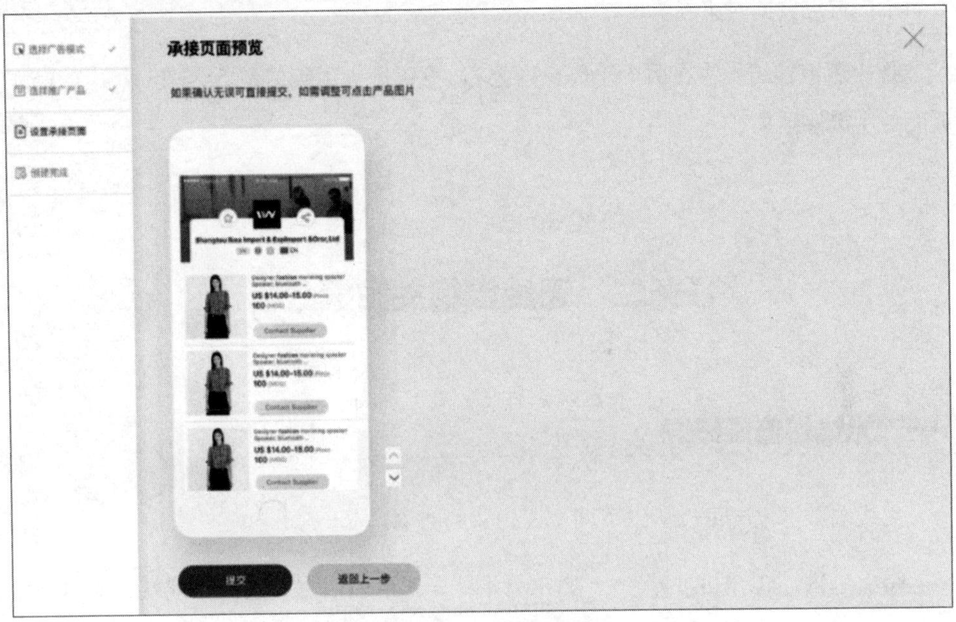

图 7–16　提交页面

提交后创建完成，如图 7–17 所示。审核结果将在两个工作日内公布，可以进入顶级展位后台“已购买关键词”页面关注审核结果。

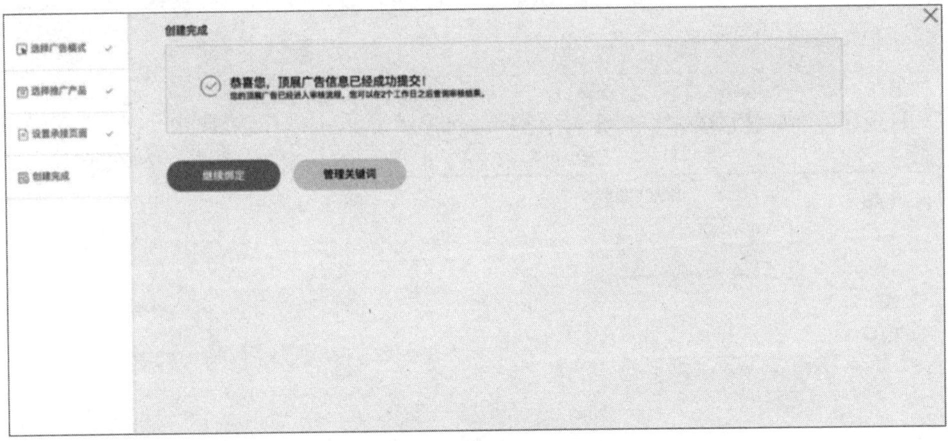

图 7–17　创建完成页面

如果选择旺铺样式：

选择旺铺样式，如图 7-14 所示，即会跳转到旺铺首页。若旺铺首页有更改，生效后承接页也会同时更新。

提交后审核结果将在两个工作日内公布，可以进入顶级展位后台“已购买关键词”页面关注审核结果。

任务二　无线端相关数据分析

一、无线端流量概况

无线端数据概况可以从以下两个入口进行查看。

（1）进入“My Alibaba”—“数据管家”—“经营数据”选择无线端，流量数据如图 7-18 所示。具体的数据指标有店铺访问人数、店铺访问次数、搜索曝光次数、搜索点击次数，如图 7-19、图 7-20、图 7-21、图 7-22 所示，可以点击每一个指标来查看近六个月的趋势变化，还可以查看我的效果、行业平均和同行优秀的对应数据。

图 7-18　流量数据

图 7-19 “经营数据”—“店铺访问人数”

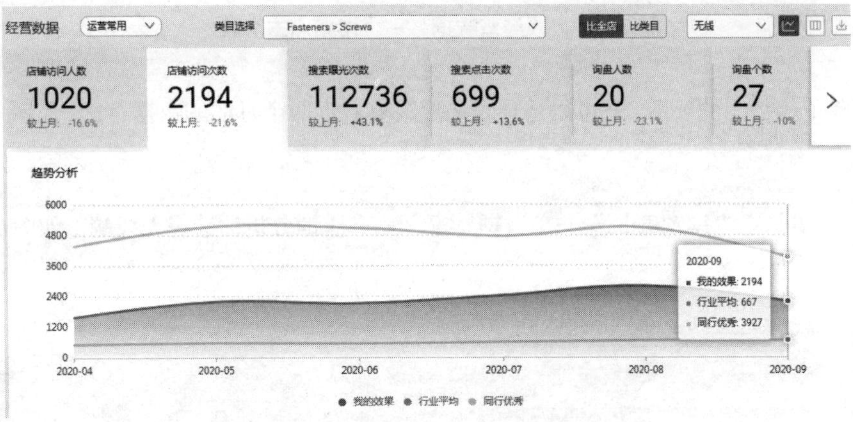

图 7-20 “经营数据”—“店铺访问次数”

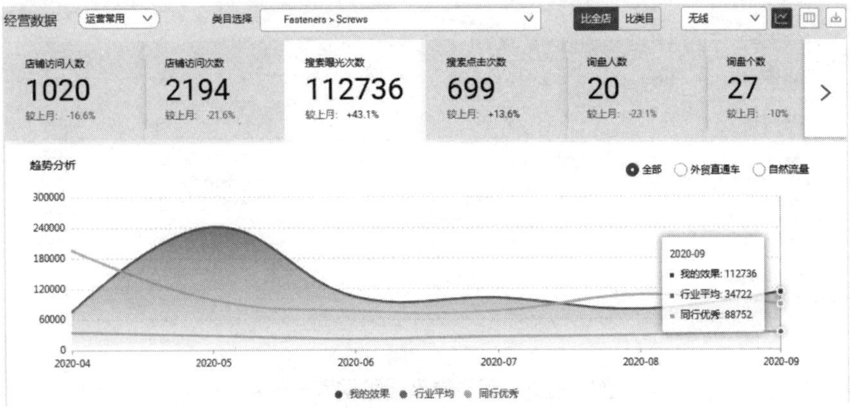

图 7-21 “经营数据”—“搜索曝光次数”

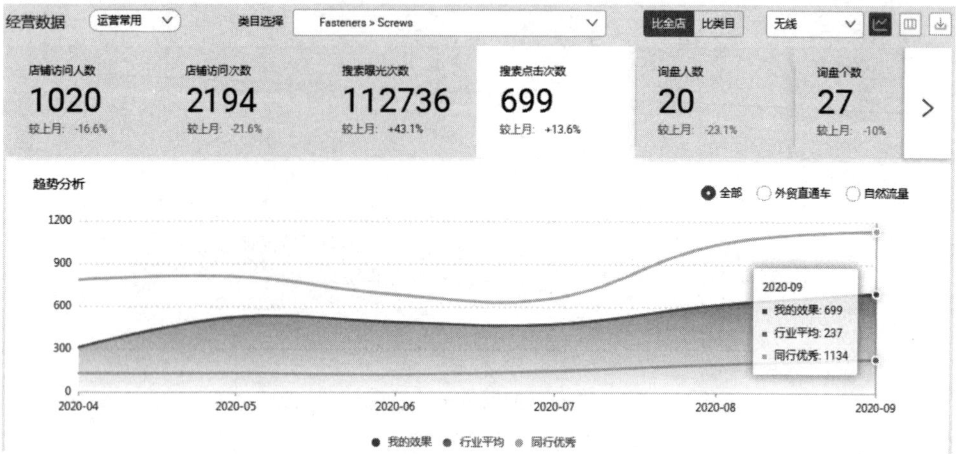

图 7-22 “经营数据”—“搜索点击次数”

除了趋势图的展示，还可以选择表格形式查看近两个月的的数据对比，如图 7-23 所示。

（2）进入“My Alibaba”—“数据管家”—“店铺分析”选择无线端，如图 7-24 所示。

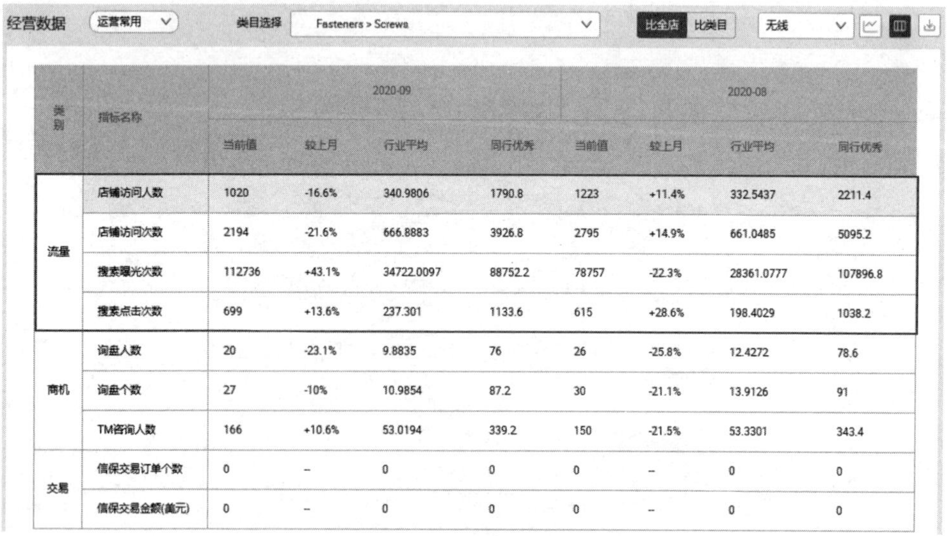

类别	指标名称	2020-09				2020-08			
		当前值	较上月	行业平均	同行优秀	当前值	较上月	行业平均	同行优秀
流量	店铺访问人数	1020	-16.6%	340.9806	1790.8	1223	+11.4%	332.5437	2211.4
	店铺访问次数	2194	-21.6%	666.8883	3926.8	2795	+14.9%	661.0485	5095.2
	搜索曝光次数	112736	+43.1%	34722.0097	88752.2	78757	-22.3%	28361.0777	107896.8
	搜索点击次数	699	+13.6%	237.301	1133.6	615	+28.6%	198.4029	1038.2
商机	询盘人数	20	-23.1%	9.8835	76	26	-25.8%	12.4272	78.6
	询盘个数	27	-10%	10.9854	87.2	30	-21.1%	13.9126	91
	TM咨询人数	166	+10.6%	53.0194	339.2	150	-21.5%	53.3301	343.4
交易	信保交易订单个数	0	–	0	0	0	–	0	0
	信保交易金额(美元)	0	–	0	0	0	–	0	0

图 7-23 无线端流量数据表格形式

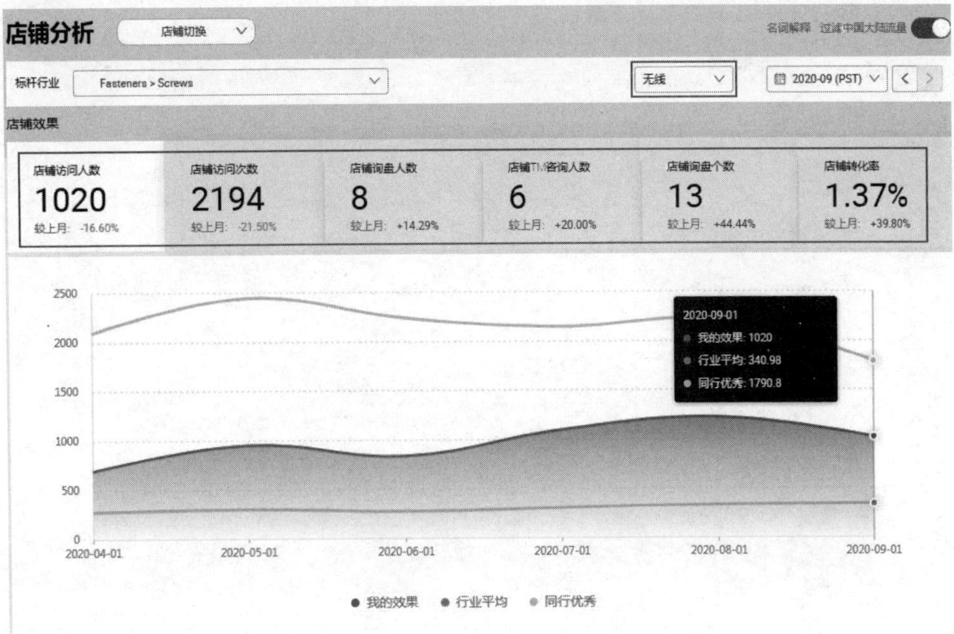

图 7-24 店铺分析无线数据概览

二、无线端流量来源分析

（一）无线端流量来源整体分析

进入“My Alibaba”—“数据管家”—“买家”—“流量来源”—“无线”，可以看到店铺无线端流量来源页面，该页面呈现了各个引流渠道带来的店铺访问人数、店内询盘人数、店内 TM 咨询人数和店铺转化率数据，如图 7-25 所示。

卖家通过无线端流量来源页面的数据，可以知道店铺客户是从无线端哪些引流渠道来的，哪些无线端引流渠道能够为店铺吸引更多的客户，哪些无线端引流渠道对客户的引流效果较小，进而优化店铺无线端引流渠道配置。需要注意的是，卖家在分析无线端各流量渠道引流效果时，需要结合店铺历史无线端引流情况进行综合分析，如是否对该渠道投入太少导致引流效果差，综合分析出原因后，再根据分析结果制定最终的无线端客户引流渠道优化策略。

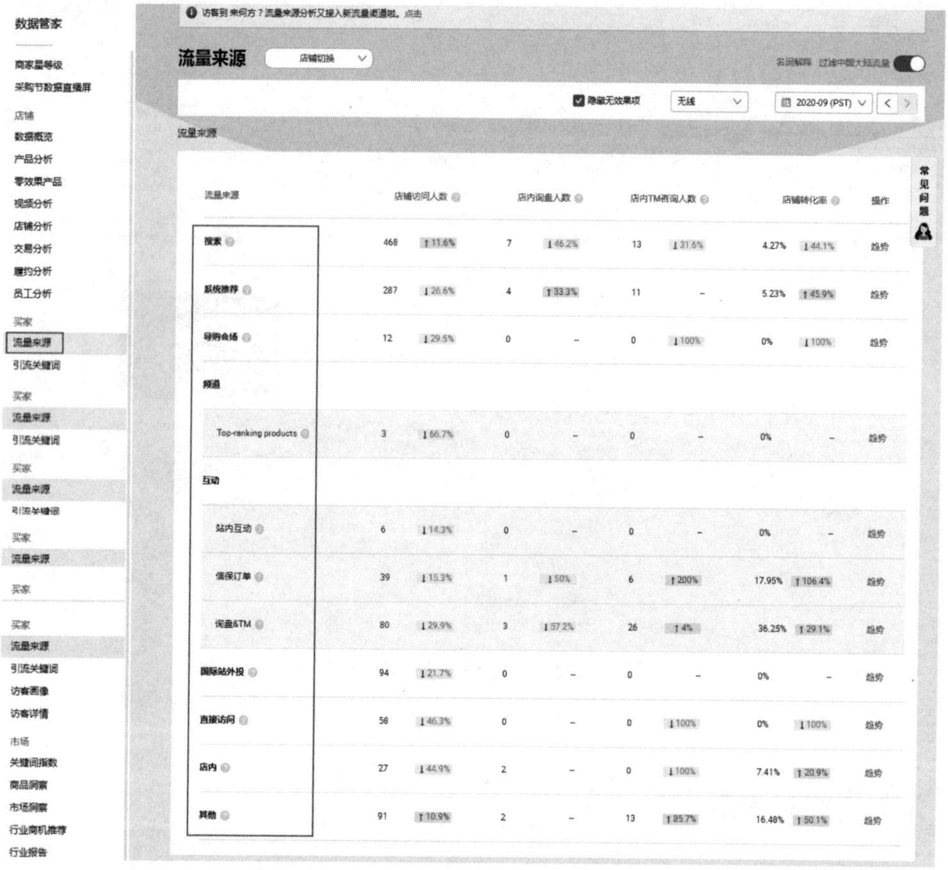

图 7-25　无线端流量来源总览

（二）无线端流量搜索趋势分析

卖家通过点击流量来源页面右侧的“趋势”按钮，可以查看无线端各流量来源的搜索趋势图，包括店铺访问人数趋势、店内询盘人数趋势、店内 TM 咨询人数趋势、店铺转化率趋势。

1. 店铺访问人数搜索趋势

店铺访问人数搜索趋势指的是访问卖家页面客户的变化情况。卖家通过查看店铺访问人数搜索趋势图，能够了解我的效果、行业平均、同行优秀店铺访问人数在某时间段的变化趋势及在某日期的具体数值，如图 7-26 所示。

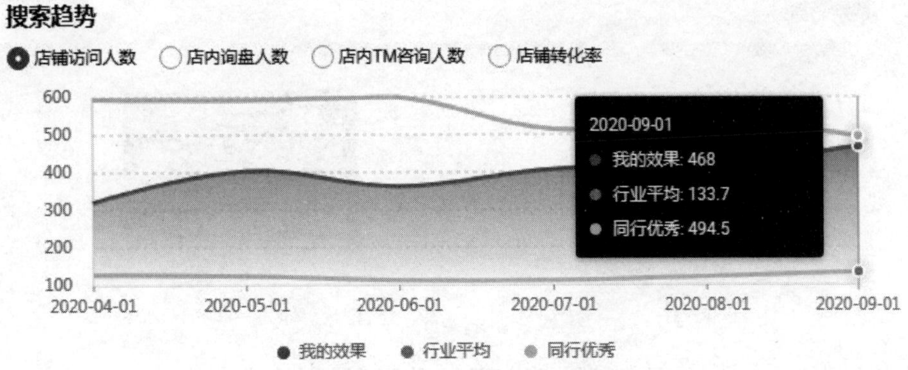

图 7-26 店铺访问人数搜索趋势

2. 店内询盘人数搜索趋势

店内询盘人数搜索趋势指的是在卖家店铺页面，对卖家成功发出有效询盘的客户数量变化情况。卖家可以查看店内询盘人数趋势图，了解我的效果、行业平均、同行优秀店内询盘人数在某时间段的变化趋势及在某日期的具体数值，如图 7–27 所示。

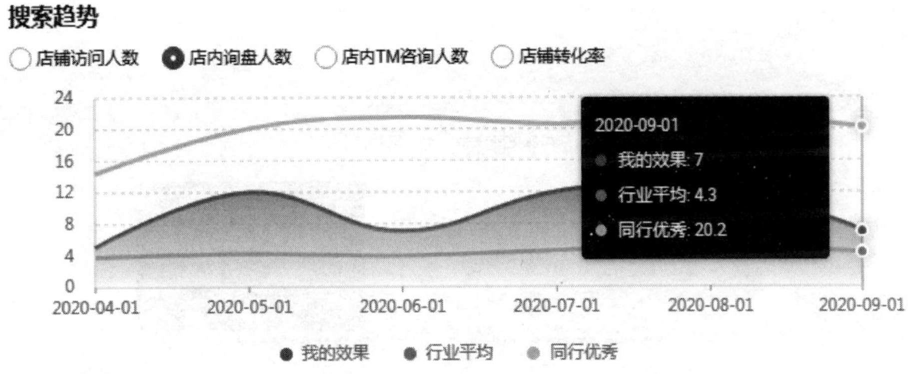

图 7-27 店内询盘人数搜索趋势

3. 店内 TM 咨询人数搜索趋势

店内 TM 咨询人数搜索趋势指的是在卖家店铺页面，通过 TradeManager（贸易通）与卖家联系的客户数量变化情况。卖家通过查看店内 TM 咨询人数趋势图，可以了解我的效果、行业平均、同行优秀店内 TM 咨询人数在某时间段的变化趋势及在某日期的具体数值，如图 7–28 所示。

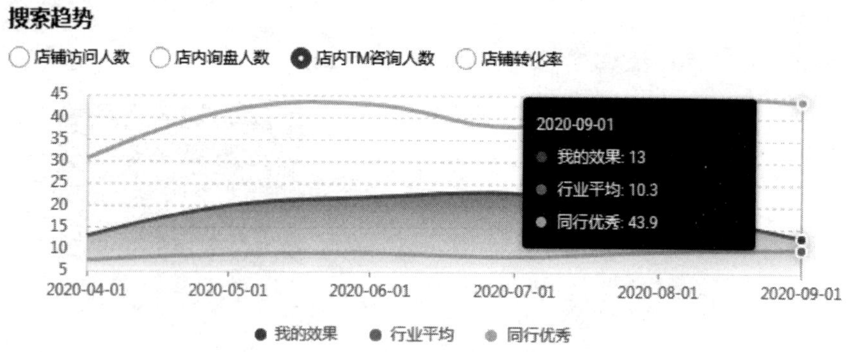

图 7-28 店内 TM 咨询人数搜索趋势

4. 店铺转化率搜索趋势

店铺转化率是店内询盘人数与店铺 TM 咨询人数的和占店铺访问人数的比例，其计算公式：店铺转化率 =(店内询盘人数 + 店铺 TM 咨询人数) / 店铺访问人数 × 100%。

店铺转化率趋势是该指标的变化情况，卖家可以通过趋势图了解我的效果、行业平均、同行优秀店铺转化率在某时间段的变化趋势及在某日期的具体数值，如图 7–29 所示。

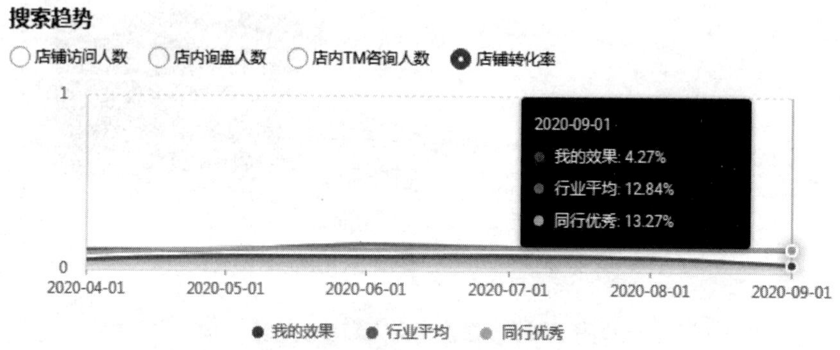

图 7-29 “搜索趋势”—“店铺转化率”

三、无线端流量相关数据分析

从整体到局部的一个思路来观察与流量相关的数据，如图 7–30、图 7–31、图 7–32 所示。从整体来看店铺相关数据，9 月份该店铺访问人数全部终端为 1255 人，PC 端为235人，无线端为1020人，无线端的访问人数占比为81.27%，远远高于PC端；9月份该店铺搜索点击次数全部终端为819次，PC端为120次，无线端为699次，无线端的搜索点击次数占比为85.35%，远远高于PC端。由此可知，流量的入口无线端的表现优于PC端，日常运营中在加强PC端运营的同时，还要将更多的资源向无线端倾斜。

经营数据 运营常用 类目选择 Fasteners > Screws 比全店 比类目 全部终端

类别	指标名称	2020-09				2020-08			
		当前值	较上月	行业平均	同行优秀	当前值	较上月	行业平均	同行优秀
流量	店铺访问人数	1255	-17%	518.5	2501.2	1511	+8.5%	518.3204	3010.6
	店铺访问次数	2759	-18.6%	1004.3835	5462	3387	+9.3%	1013.0485	6787.2
	搜索曝光次数	123423	+36%	43287.3252	115982.8	90745	-21%	35958.665	141769.2
	搜索点击次数	819	+9.4%	316.2476	1516.6	748	+22.8%	278.2427	1387.4
商机	询盘人数	49	-9.3%	25.7136	156.2	54	-28%	27.7913	162.2
	询盘个数	61	+5.1%	28.6214	172	58	-29.3%	31.199	181.4
	TM咨询人数	261	-0.4%	94.5777	579.8	262	-14.7%	91.5631	536.2
交易	信保交易订单个数	14	+7.6%	4.1553	49	13	-38.1%	5.1796	43.4
	信保交易金额(美元)	17374	+119.8%	12548.639	201414.098	7901	-72.5%	7761.3002	45918.694

图7-30 全部终端的经营数据

经营数据 运营常用 类目选择 Fasteners > Screws 比全店 比类目 PC

类别	指标名称	2020-09				2020-08			
		当前值	较上月	行业平均	同行优秀	当前值	较上月	行业平均	同行优秀
流量	店铺访问人数	235	-18.5%	177.7087	798	288	-2.4%	185.9806	884.8
	店铺访问次数	565	-4.6%	337.4951	1683	592	-11%	352	1804
	搜索曝光次数	10687	-10.9%	8565.3155	27230.6	11988	-11.3%	7597.5874	33872.4
	搜索点击次数	120	-9.8%	78.9466	387.8	133	+1.5%	79.8398	393.4
商机	询盘人数	29	+3.5%	15.8495	90	28	-30%	15.3689	100.2
	询盘个数	34	+21.4%	17.6359	97.6	28	-36.4%	17.2864	111.8
	TM咨询人数	118	-5.6%	46.5243	283.8	125	-6.1%	42.2039	230.4
交易	信保交易订单个数	0	–	0	0	0	–	0	0
	信保交易金额(美元)	0	–	0	0	0	–	0	0

图7-31 PC端的经营数据

对询盘相关数据进行统计分析，如询盘人数、询盘个数、TM咨询人数，找出平台询盘较多的终端和月份，从而可以为直通车推广的终端和月份选择做参考，还可通过与行业平均、同行优秀的数据进行比较，找出自身的优势和不足，进而不断优化自身的推广策略。如图 7-31、图 7-32 所示，该店铺在 9 月份 PC 端和无线端询盘数据基本保持平衡，整体来看比行业平均数值要高，但是离同行优秀的数据还有一定差距。

经营数据 运营常用 类目选择 Fasteners > Screws 比全店 比类目 无线

类别	指标名称	2020-09				2020-08			
		当前值	较上月	行业平均	同行优秀	当前值	较上月	行业平均	同行优秀
流量	店铺访问人数	1020	-16.6%	340.9806	1790.8	1223	+11.4%	332.5437	2211.4
	店铺访问次数	2194	-21.6%	666.8883	3926.8	2795	+14.9%	661.0485	5095.2
	搜索曝光次数	112736	+43.1%	34722.0097	88752.2	78757	-22.3%	28361.0777	107896.8
	搜索点击次数	699	+13.6%	237.301	1133.6	615	+28.6%	198.4029	1038.2
商机	询盘人数	20	-23.1%	9.8835	76	26	-25.8%	12.4272	78.6
	询盘个数	27	-10%	10.9854	87.2	30	-21.1%	13.9126	91
	TM咨询人数	166	+10.6%	53.0194	339.2	150	-21.5%	53.3301	343.4
交易	信保交易订单个数	0	–	0	0	0	–	0	0
	信保交易金额(美元)	0	–	0	0	0	–	0	0

7-32 无线端的经营数据

总体来看，在分析不同店铺数据时，需要根据店铺的终端数据判断买家行为偏好，进而调整店铺不同终端的营销策略和资源倾向。

项目小结

本项目对无线端的数据分析进行了全方位的学习。通过学习和实训，让学生了解到无线端的排序规则及顶级展位绑定的相关知识，并引入阿里卖家端无线端流量及其相关数据分析，能够帮助学生更系统地进行无线端数据分析，具备网站全局无线端诊断能力。

名词解释

（1）weekly deals 全球批发活动：支持直接下单品，精准海外引流。商家发布的符合条件的商品越多，引流效果就越好，额外引流不会影响阿里巴巴主站本身的搜索排序。

（2）无线 App 顶级展位：单独 App 顶级展位词竞价或包年，在无线端搜索排位第一个的产品展示。

知识链接

闪电报价：为阿里巴巴无线卖家量身打造的专享商机功能，通过便捷、高效的沟通机制，在无线端搭建买卖双方初次接洽的全新通道，帮助卖家抢占订单先机（注意：闪电报价不是询盘，也不会计入询盘统计）。某账号开通闪电报价功能后，该账号发布的产品在无线端的产品详情页将出现“Quick Quotation”入口，买家可点击该按钮快速发送沟通需求，卖家将在“阿里卖家”中收到报价需求提醒。闪电报价只在无线端“阿里卖家”上使用，PC 端无此功能。

索 引

索引使用说明

A～Z（英文）

A～B

C

D

F

G

H～K

L ~ N

P ~ R

W～X

Y ~ Z

（王彦祥、刘子涵　编制）